絶景！
山梨＆静岡
ドライブガイド

中部横断自動車道の開通で、ぐっと距離が縮まった山梨と静岡。
これまで近いようで遠かった両県には、
まだまだ知らない魅力的な場所がたくさんあります。
この本では、山梨・静岡の絶景スポットを中心にピックアップ。
で楽しめるドライブ旅のモデルコースをご紹介します。
や静岡の海鮮など、道中にはおいしいものもたっぷり。
かけて、信玄・家康ゆかりの地を巡るのもいいですね。
とにかく、楽しみ方は無限大。
書を片手に、すてきな旅をお楽しみください。

JN056822

CONTENTS

山梨エリア

静岡エリア

本書の見方

モデルコース

エリア内の主要スポットを効率よく巡るためのコースルート。走行距離と時間は最速の場合の目安です。

スポットの説明

エリア内の各スポットの魅力を写真付きで紹介。

コースの概要

エリアの全体像や主な見どころを解説。

立ち寄りどころ

本編では紹介しきれなかったオススメの立ち寄りスポット情報。

マップ

スタートからゴールまでのルートと各スポットの位置を掲載。ルートは道路状況により左右される場合があるので、事前に最新情報を入手してください。

掲載情報は2024年6月現在のものです。営業時間・休日・料金などは変更になる場合があります。

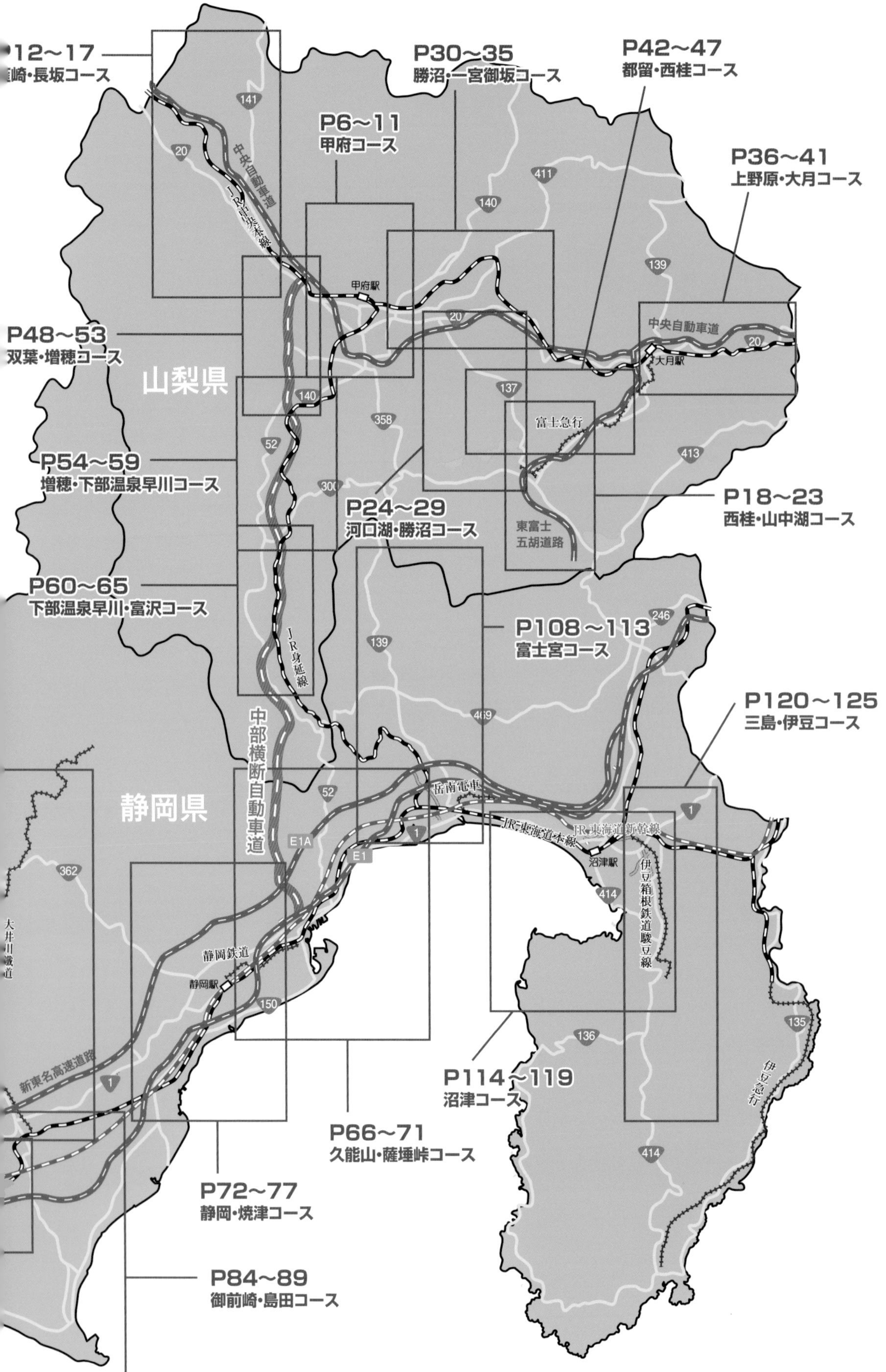

12～17
崎・長坂コース
P30～35
勝沼・一宮御坂コース
P42～47
都留・西桂コース
P6～11
甲府コース
P36～41
上野原・大月コース
中央自動車道
JR中央本線
甲府駅
大月駅
P48～53
双葉・増穂コース
山梨県
富士急行
P54～59
増穂・下部温泉早川コース
P18～23
西桂・山中湖コース
P24～29
河口湖・勝沼コース
東富士
五胡道路
P60～65
下部温泉早川・富沢コース
P108～113
富士宮コース
JR身延線
P120～125
三島・伊豆コース
中部横断自動車道
静岡県
岳南電車
JR東海道本線
JR東海道新幹線
沼津駅
伊豆箱根鉄道駿豆線
大井川鐵道
静岡鉄道
静岡駅
新東名高速道路
伊豆急行
P114～119
沼津コース
P66～71
久能山・薩埵峠コース
P72～77
静岡・焼津コース
P84～89
御前崎・島田コース

山梨＆静岡 ドライブマップ

中部横断自動車道でつながる両県

中部横断自動車道は、静岡県静岡市から山梨県甲斐市を経て、長野県小諸市へと至る高速自動車国道。2021 年に下部温泉早川 IC・南部 IC がつながったことで、静岡―山梨間が全線開通となり、両県の移動が格段にスムーズになった。従来の一般道では 2 時間 45 分以上かかっていた静岡市～甲府市間の道のりは、1 時間 35 分に短縮。今後は長野方面へと延伸され、上信越自動車道へと接続される予定だ。

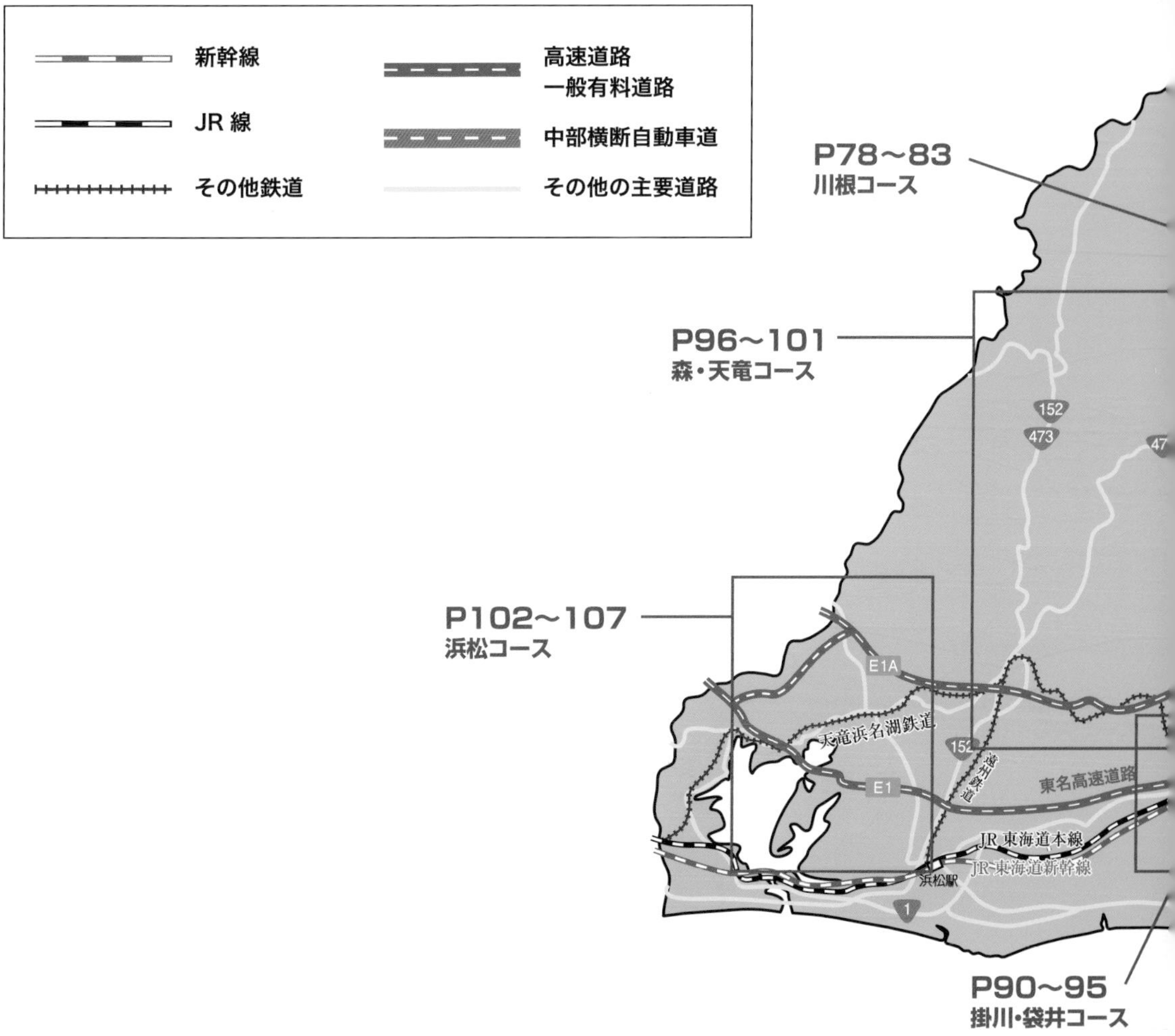

▲舞鶴城公園（甲府城跡）。写真は復元された鉄門（くろがねもん）

甲府コース

甲斐の府中 城下町の今を楽しむ

甲府はその名が示す通り甲斐の府中。戦国時代、信玄の父・信虎が現笛吹市の石和から居館を移すと武田三代の拠点となり、豊臣時代には甲府城が築かれた。徳川時代には甲府藩が置かれた後、幕府直轄の天領となり、近代以降は県都に。戦前、新婚時代を甲府で過ごした作家・太宰治は、作品の中でこの街の雰囲気を讃えた。そうした時代の面影はもちろん、地場産業である宝石・水晶の加工技術もよく知られているところ。歴史と輝きの街を満喫したい。

モデルコース

START
甲府南 IC
↓ 10.7km（17分）
❶甲斐善光寺
↓ 4.0km（7分）
❷武田神社
↓ 2.7km（6分）
❸甲府駅
↓ 3.5km（7分）
❹芸術の森公園
↓ 3.6km（6分）
GOAL
甲府昭和 IC

走行距離／ 24.5km
走行時間／ 43分

▲戦に巻き込まないよう信玄が甲府へ移したとされる

①甲斐善光寺 周辺

信玄に関わる名刹をたどり 地元の特産品に触れる

甲府の中心街からやや東にある甲斐善光寺は、上杉謙信と争った川中島の合戦から守るため、信濃の善光寺より武田信玄がご本尊を移して戦国時代に建立したもの。そのすぐ西には、謀反を企てたとして信玄の長男・義信が幽閉され自害した東光寺がある。歴史散策のあとは、善光寺・東光寺いずれにも近い県地場産業センター かいてらすでショッピングも。宝石・貴金属をはじめ、さまざまな県産品が展示・販売されているのでぜひとも訪れたい。

甲斐善光寺

1558(永禄元)年、武田信玄がこの地に創建。鳴き竜の規模は日本随一。季節を問わず、多くの拝観者でにぎわう。

甲府市善光寺 3-36-1　☎055-233-7570
■拝観受付：9:00～16:30　■料金：大人 500 円、小学生 250 円、団体(30 名以上)2 割引
■駐車場：30 台

かいてらす
(山梨県地場産業センター)

宝石、貴金属、ワイン、甲州印伝、煮貝、日本酒、ニット製品など、地場産業製品を展示・販売。レストランやホール、会議室も。

甲府市東光寺 3-13-25　☎055-237-1641
■営業時間：10:00 ～ 17:00
■休日：第 4 火曜日(祝日の場合、翌水曜日)、年末年始(12 月 27～31 日)
■駐車場：290 台

▲ジュエリーやワインなど地元特産品を常時販売するほか、各種イベント会場にも使用される

東光寺

武田信玄が定めた５つの禅寺「甲府五山」の一つ。蘭渓道隆（大覚禅師）が再興した。信玄の長男・義信と、諏訪姫(信玄の側室)の父・諏訪頼重の墓がある。

甲府市東光寺 3-7-37　☎055-233-9070
■庭園拝観：9:00～17:00　■料金：300 円(中学生以下無料)
■駐車場：あり

▲仏殿は国の重要文化財

武田の杜（健康の森）

甲府市北部、武田信玄ゆかりの要害山や武田神社を含む広大なエリアは、国有林、県有林、私有林からなる武田の杜。中でもサービスセンター、森林学習展示館などがある健康の森は、各種のイベントやキャンプ、ハイキングに人気のスポット。

▲四季折々の風景も美しい

甲府市山宮町片山 3371　☎055-251-8551
■開園時間：9:00～17:00
デイキャンプ場・4～11月、キャンプ場・5月1日～10月31日
■料金：各施設・イベントにより異なるため要問い合わせ　■駐車場：約70台

甲府市武田氏館跡歴史館（信玄ミュージアム）

武田神社にほど近く、史跡武田氏館跡の歴史や調査の成果などを紹介する施設として2019（平成31）年にオープン。展示室のほか、学習室も併設。

甲府市大手 3-1-14　☎055-269-5030
■開館時間：9:00～17:00　■休日：火曜日、12月29～31日　■駐車場：42台（一部武田神社と共用）

ガイダンスやミュージアム機能を備えた展示室を完備▶

② 武田神社 周辺

武田氏館の面影を訪ね いにしえの甲斐府中を巡る

武田信虎が築き、信玄・勝頼と三代にわたる甲斐武田家の本拠となった通称「躑躅ヶ崎館《つつじがさきやかた》」。その館跡には、信玄を御祭神として祀る武田神社が鎮座している。この武田神社（武田氏館跡）を中心に、戦国時代の面影や史跡がそこかしこに残り、館跡に関わる展示を中心とした歴史館なども。ほんの目と鼻の先には山に育まれた豊かな自然があり、信玄の息吹と山梨ならではの魅力を感じるエリアだ。

武田神社

武田信虎が築き信玄・勝頼と甲斐武田氏三代が居館とした「武田氏館（躑躅ヶ崎館）」跡に、信玄を祀る神社として1919（大正8）年に創建。4月12日（信玄の命日）に毎年例祭が行われる。境内地は国指定史跡、能舞台様式の神楽殿「甲陽武能殿」では薪能などの開催も。

甲府市古府中町 2611　☎055-252-2609
■拝観時間：自由（各受付 9:00～16:30※宝物殿は 9:30～16:00）　■休日：水曜日（宝物殿のみ）　■駐車場：約160台

境内正面に伸びる武田通りは桜並木も美しい▶

▼2019（平成31）年に創建100年を迎えた武田神社

③甲府駅 周辺

豊臣時代から江戸、近代まで各時代が交錯するエリア

武田家滅亡の後、甲府には豊臣家による城が築かれた。それが甲府城だ。徳川時代にも同城はそのまま使用され、現在、史跡に指定された甲府城跡は公園として開放されている。城跡や公園の整備とともに、周辺にはさまざまな観光スポットも。戦国・江戸・近代の情緒が混じり合う、古くて新しいエリアとなっている。

舞鶴城公園（甲府城跡）

豊臣・徳川時代の城、甲府城跡の一部が公園となっており、園内には築城当時の石垣、復元された門や稲荷櫓、自由広場を完備。梅や桜などを楽しむ利用者も。

甲府市丸の内1-5-4　☎055-227-6179（舞鶴城公園管理事務所）
■開館時間：稲荷櫓・鉄門／ 9:00〜16:30（最終入館 16:00）
■休日：月曜日（祝日の場合は翌日）、年末年始（稲荷櫓・鉄門）
■駐車場：バス・身障者用

▲恩賜林御下賜謝恩塔も建つ、甲府城跡

桜の季節も美しい稲荷櫓▶

◀鉄門（くろがねもん）の他、稲荷櫓なども復元・整備されている

山梨ジュエリーミュージアム
（山梨県立宝石美術専門学校附属ジュエリーミュージアム）

地場産業である宝飾加工生産の歴史や、県内で制作されたジュエリーなどを展示。職人による実演や体験なども好評。

甲府市丸の内1-6-1　山梨県防災新館1階やまなしプラザ内　☎055-223-1570
■開館時間：10:00〜17:30（最終入館 17:00）、ミュージアム・ショップ 10:00 〜 17:00
■休日：火曜日、年末年始、展示入替期間　■駐車場：92台（防災新館地下駐車場）

◀「天狗の葉団扇と紫水晶」などは一見の価値あり

甲州夢小路

JR甲府駅北口すぐに広がる、城下町を模したショッピングエリア。古民家や蔵など昔の建築様式を取り入れた店舗には飲食店、アクセサリーショップなどが多数営業中。

甲府市丸の内1-1-25　☎055-298-6300（玉屋 甲州夢小路）
■駐車場：25台（有料）

▲近代に迷い込んだかのようなたたずまい

▲人気店、メリメロのパスタ

▲ジャン=フランソワ・ミレー
《種をまく人》 1850年 山梨県立美術館所蔵

◀いまも多くの観覧者に人気の県立美術館

山梨県立美術館

芸術の森公園内にあり、70点ものジャン=フランソワ・ミレーの作品をはじめ、国内外の作品約1万点を所蔵。公園内にはロダンなどの彫刻作品も。

甲府市貢川1-4-27 ☎055-228-3322 ■開館時間：9:00～17:00（最終入館16:30）
■休日：月曜日（祝日の場合は翌日）、祝日の翌日（日曜の場合は開館）、年末年始、その他臨時開・休館あり
■料金：コレクション展・大人520円、大学生220円、特別展は別途
■駐車場：345台（芸術の森公園駐車場）

④ 芸術の森公園

〝ミレーの美術館〟に文学館 充実の文化・芸術スポット

《種をまく人》《夕暮れに羊を連れ帰る羊飼い》……。いずれも、19世紀フランスのバルビゾン派を代表する画家・ミレーの作品。その作品を所蔵・展示していることで知られているのが山梨県立美術館。多くの観光客にも人気で、レストランなども備えている。隣接する山梨県立文学館には樋口一葉や太宰治、飯田蛇笏ら県ゆかり・出身の文学者に関する資料が充実。開館当時から力を入れている芥川龍之介の資料も数多い。この2館が位置するのが芸術の森公園で、園内にはミレーにちなみフランス・バルビゾンの森をイメージしたエリアも。バラ園や日本庭園の他、飯田蛇笏・龍太父子それぞれの文学碑もある。芸術の香気漂うスポットだ。

▲公園内にも芸術作品が。バラ園なども人気

山梨県立文学館

山梨の文学の発信拠点として樋口一葉、太宰治、芥川龍之介、飯田蛇笏ら山梨出身・ゆかりの文学者の原稿、書簡、愛用品などを展示。特に芥川は全国でも有数のコレクションとして知られ、「羅生門」や「鼻」をはじめとする約5000枚の下書き原稿を所蔵している。

甲府市貢川1-5-35 ☎055-235-8080
■開館時間：展示室9:00～17:00（最終入館16:30）、
閲覧室9:00-19:00（土日祝は18:00まで）
■休日：月曜日、祝日の翌日、年末年始、その他
■料金：常設展・大人330円、大学生220円、企画展は別途
■駐車場：345台（芸術の森公園駐車場）

▲貴重な資料がそろう山梨県立文学館

●甲府の立ち寄りどころ

山梨県曽根丘陵公園

多くの古墳や考古博物館、レジャー施設（要予約）も。

甲府市下向山町1271　☎055-266-5854　■利用時間、休日は施設により異なるので要確認　■駐車場：400台

不老園

1897（明治30）年、甲府の呉服商が別荘として開園し現在では梅と紅葉の名所として各時期に開園。

甲府市酒折 3-4-3　☎055-233-5893

■開園時間：9:00～17:00（最終入園16:00）　■開園時期：2～3月（紅葉時期は臨時開園）　■料金：中学生以上 500 円、小学生 200 円、未就学児・障害者手帳提示者は無料　■駐車場：50 台

信玄の湯 湯村温泉 常磐ホテル

「信玄の湯 湯村温泉」にある、1929（昭和4）年開業の老舗。皇族の御宿泊や将棋戦なども。

甲府市湯村 2-5-21　☎055-254-3111

■チェックイン：15:00 ～（チェックアウト 11:00）

■料金：30000 円（税別）～　■駐車場：200 台※EV 充電器 4 台あり

御岳昇仙峡

日本一ともいわれる渓谷美と奇岩で知られる日本遺産の景勝地。

甲府市北部

☎055-287-2111（昇仙峡観光協会）

■駐車場：約 97 台

山梨県立愛宕山こどもの国

甲府市内・愛宕山の自然を利用した大型遊具を備える広大な公園。アスレチックやキャンプ場、県立科学館など楽しみが満載。

甲府市愛宕町 358-1　☎055-253-5933

■営業時間：9:00 ～ 17:00（施設・季節により一部異なる）

■休日：自由広場などは無休　■料金：無料（一部有料）　■駐車場：200 台

▲桃の花にいろどられる新府桃源郷

韮崎・長坂コース

古社と城跡 武田ゆかりの地を行く

山梨の西北側に位置するこの地域には、すでに観光地として知られる長坂や清里などが含まれるが、後に武田信玄を生む甲斐源氏・甲斐武田家にゆかりの場所も多い。信玄亡き後、最後の当主となった勝頼も、ここに城を築いた。武田八幡宮、新府城跡といったそれらの寺社・史跡はもちろん、自然と名水に恵まれたこの地ならではの食なども魅力。悠久の歴史と山川の恩恵にたっぷりとあずかりたいコース。

モデルコース

START
韮崎 IC
↓ 6.4km（12 分）
❶武田八幡宮
↓ 6.7km（12 分）
❷新府城跡
↓ 7.9km（9 分）
❸北杜市オオムラサキセンター
↓ 12.2km（16 分）
❹三代校舎ふれあいの里
↓ 8.1km（11 分）
GOAL
長坂 IC

走行距離／ 41.3km
走行時間／ 1 時間

① 武田八幡宮 周辺

甲斐武田家ゆかりの古社から心満たされる旅へ

1200年の歴史を誇る武田八幡宮は、甲斐武田家の祖・武田信義が元服したとされる古社。武田家代々の崇敬を集め、現在でも二ノ鳥居などは県の、本殿は国の重要文化財に指定されている。その近くには武田乃郷 白山温泉。2015（平成27）年にノーベル生理・医学賞を受賞した大村智博士ゆかりの韮崎大村美術館に隣接している。そこから西へと向かえば、山梨百名山のひとつ甘利山。季節にはレンゲツツジが見事。

◀歴史を感じるたたずまい

武田八幡宮

822(弘仁 13)年、嵯峨天皇の勅命により創建。甲斐源氏の流れをくむ龍光丸は、神前で元服して武田太郎信義と名乗り、甲斐武田家発祥の地となった。本殿は信玄が再建し、国の重要文化財。

韮崎市神山町北宮地 1185　☎0551-33-9370
■拝観時間 :10:00 ～ 16:00　■休日 : 月・水曜日　■駐車場 : 20 台

▲石段を登り、神楽殿を過ぎると拝殿が見えてくる

▲露天風呂からは雄大な眺望も

武田乃郷　白山温泉

武田八幡宮にほど近く、ノーベル賞受賞者・大村智博士が開いた韮崎大村美術館に隣接。天然かけ流し温泉を味わい、館内の美術品やこれも隣接する「上小路」のそばも楽しむことができる。

韮崎市神山町鍋山 1809-1　☎0551-22-5050
■営業時間 : 10:00 ～ 21:00(最終入館 20:15)
■休日 : 水曜日(祝日を除く)
■料金 : 中学生以上 700 円、3 歳以上 500 円、
　市内 75 歳以上 550 円
■駐車場 : 約 50 台

甘利山

標高 1731m、山梨百名山にも数えられる名山だが、山頂近くまで車で行くことができる。6 月にはレンゲツツジが開花し、名所にもなっている。紅葉期も美しい。

韮崎市旭町上條北割　☎0551-22-1991(韮崎市観光協会)　■駐車場 : 約 80 台

◀一面に咲き誇るレンゲツツジ。遠くに富士山も

② 新府城跡 周辺

武田勝頼が築いた城館 戦国後期の面影を見る

1573(元亀4)年、武田信玄が死去すると、四男である勝頼が跡を継ぎ、やがて甲府から本拠を韮崎へ移した。それが新府城である。織田・徳川軍の攻勢により勝頼自らが火を放って天目山(現甲州市大和町)を目指したという。現在では数多くの遺構とともに史跡公園として整備されつつあり、あたり一帯は新府桃源郷として桃の花の季節には美しい景色が広がる。韮崎市民俗資料館では、新府城跡の御城印も。近くにある道の駅にらさきでは、地元産の新鮮な野菜など買い物を楽しめるので訪れたい。

◀本丸跡。ここが武田家の新たな府中となった

新府城跡

1581(天正9)年、武田勝頼は、甲府の館をこの地に移した。織田・徳川に攻められ、68日間で勝頼自らが火を放ったとされるが、遺構からは武田軍の高い築城技術がうかがえる。

韮崎市中田町中條 4787　☎0551-22-1991(韮崎市観光協会)
■駐車場：約30台

▲周辺は新府桃源郷と呼ばれ、桃の開花時期は圧巻

◀武田氏にちなんだ特産品も

道の駅にらさき

国道141号沿い、ユニークな建物(歩道橋)が目印。地元で取れた新鮮な野菜や果物はもちろん、山梨ならではの土産や手作り商品なども購入できる。

韮崎市中田町中条 1795　☎0551-25-5021
■営業時間：9:00～17:30　■休日：月曜日(祝日の場合は翌日)、12月30日～1月1日　■駐車場：37台

▲民具などの他、土偶の展示も人気

◀新府城跡の御城印

韮崎市民俗資料館

縄文時代から近代までのさまざまな資料や出土品の展示が見られる、歴史の豊かなこの地域ならではの民俗資料館。NHK連続テレビ小説「花子とアン」で使用されたロケセットが移設されているほか、新府城跡の御城印・スタンプも用意されている。

韮崎市藤井町南下條 786-3　☎0551-22-1696
■開館時間：火～日曜日9:00～16:30(木曜日は13:00～)
■休日：月曜日(祝日の場合は翌2日間)及び木曜日の午前、年末年始　■料金：無料　■駐車場：約20台

③ 北杜市オオムラサキセンター周辺

自然豊かなエリアならでは 国蝶と名水の恩恵を満喫

移住希望者にも人気の北杜市は、自然や観光資源豊かなエリア。その特色が現れたスポットも多い。北杜市オオムラサキセンターはその中でも興味深い施設で、１９５７(昭和32)年に日本昆虫学会によって国蝶に選定されたオオムラサキの研究・保護を行っている。蝶に会えるのは夏だが、年間を通して見学が可能。北杜市武川町の実相寺は、樹齢２０００年以上という山高神代桜で知られる。こちらも花が見られるのは春だが、年間通して拝観ができる。最後は道の駅はくしゅうで、山梨屈指の米どころの味を買い求めるのはいかがだろうか。

◀オオムラサキを中心に他の昆虫についても学べる

▲国蝶オオムラサキ

北杜市オオムラサキセンター

全国一の生息地で国蝶オオムラサキの保護と研究を行っている。夏にはオオムラサキと実際に出会うことも。環境教育の拠点として、各種体験なども。

北杜市長坂町富岡 2812　☎0551-32-6648
■開館時間：4～6月・9～11月9:00～17:00(最終入館16:30)、7～8月9:00～18:00(最終入館17:30)、12～3月9:00～16:00(最終入館15:30)
■休日：月曜日(祝日の場合は翌日)、祝日の翌日(土日除く)、年末年始※夏休み期間中は無休
■料金：大人420円、小・中学生200円　■駐車場：38台

▲境内の山高神代桜

実相寺

武田信玄が川中島の戦いのために永代祈願所として1561(永禄4)年に現在地に移したという名刹。「薄墨桜」(岐阜)「滝桜」(福島)とともに日本三大桜のひとつで、樹齢2000年ともいわれる山高神代桜がある。

北杜市武川町山高 2763　☎0551-26-2740
■拝観時間：夜間以外は可
■駐車場：300台(シーズン中)

道の駅はくしゅう

名水の地ならではのお米をはじめとした農作物や地酒・ワインなどの直売コーナー（ファーマーズ・マーケット）や、食堂を完備。おいしい天然水をボトルに入れての持ち帰りも。

北杜市白州町白須 1308　☎0551-20-4711
■営業時間：ファーマーズマーケット 9:00～18:00、
かもしか食堂 11:00～15:00（土日祝は 18:00 まで※LO17:00）
カフェコーナー 10:00～16:00
■休日：水曜日(12～2月)　■駐車場：111台

▼水の美しいこの地域ならではの商品が多い

④ 三代校舎ふれあいの里 周辺

三代校舎ふれあいの里

明治・大正・昭和三代の木造建築が同居する旧津金学校の校舎を利用した、カフェ、体験施設、宿泊もできるレストランなどの人気施設。

北杜市須玉町下津金 3058

懐かしい校舎の姿と身近な史跡 ふるさとの歴史を訪ねる

北杜市須玉町には、旧津金学校の校舎を利用した三代校舎ふれあいの里がある。明治・大正・昭和それぞれの校舎でカフェ、体験施設、宿泊・食事といったサービスを提供。大正館は新築だが、外観はかつての姿を生かしている。また、大泉町には縄文時代に祭祀が行われていたと考えられている史跡金生遺跡、甲斐源氏の祖・逸見黒源太清光の居城と伝わる史跡谷戸城跡があり、後者の麓にある北杜市考古資料館で出土品を見ることができる。ほかにも同市内には中世の城館が数多く残り、一見の価値あり。

津金学校(明治校舎)　☎0551-20-7100

■営業時間：9:00 ～ 17:00(入館受付 16:30)
■休日：水曜日、年末年始　■料金：大人(高校生以上)200 円、小・中学生 100 円　※土日祝は明治カフェも営業

▲明治の面影を残す教室（明治校舎）

大正館(大正校舎)　☎0551-20-7200

■営業時間：9:00 ～ 17:00　■休日：不定休及び年末年始　■料金：ほうとう作り 1 名 1500 円、ほうとう(食事のみ)1 名 1200 円、野菜収穫体験 1 名 800 円～(要予約、団体のみ)

◀昭和校舎で味わえる揚げパン給食

おいしい学校(昭和校舎)　☎0551-20-7300

■営業時間：イタリアンレストランぼのボ～ノ、和食古宮、おいしい学校の給食 11:30 ～ 14:30/17:30 ～ 20:00、香りの湯(4 ～ 11 月平日)16:00 ～ 20:00 ／(同土日祝)13:00 ～ 21:00、特産品売り場 10:00 ～ 20:00、宿泊チェックイン 15:00 ～・チェックアウト 10:00
■休日：水曜日及び施設の休業日

史跡谷戸城跡とその周辺

甲斐源氏の拠点であった谷戸城跡と隣接する北杜市考古資料館、縄文時代の壁立式住居と配石遺構が復元された金生遺跡があり、それぞれに歴史を感じながら往時の面影を楽しむことができる。谷戸城跡は桜の名所としても人気のスポット。

【北杜市考古資料館】
北杜市大泉町谷戸 2414　☎0551-20-5505
■開館時間：9：00 ～ 17：00(最終入館 16：30)
■休日：火・水曜日(休日の場合は、その直後の休日でない日)、休日の翌日、年末年始　■料金：大人(高校生以上)210 円、小・中学生 100 円
■駐車場：約 35 台
※谷戸城跡などの問い合わせは北杜市教育委員会　☎0551-42-1375

▲国指定史跡の谷戸城跡は桜の時期も楽しい

◀考古資料館では、谷戸城跡や金生遺跡の出土品などが見られる

●韮崎・長坂の立ち寄りどころ

韮崎中央公園

サッカーのまち・韮崎を象徴する公園で、競技場などがある。週末はミニSLも運行。

韮崎市藤井町北下條 2531
☎0551-22-1111(韮崎市建設課計画管理担当)　■駐車場：約 250 台
※ミニ SL の運行(4 月〜 10 月)については韮崎市 HP を要確認

願成寺

771（宝亀2）年創建。後に甲斐武田家の祖・武田信義が中興。境内の墓所は信義のものとも。

韮崎市神山町鍋山 1111　☎0551-22-3118　■駐車場：約 30 台

台ヶ原宿

甲州街道に江戸時代の面影を残す旧宿場町。「日本の道百選」にも選定。

北杜市白州町台ヶ原　☎0551-30-7866(北杜市観光協会)

史跡金生遺跡

縄文時代の「壁立式住居」を復元し、公園として公開。国指定の史跡。

北杜市大泉町谷戸字金生 105
☎0551-42-1375(北杜市教育委員会)　■駐車場：5 台

清春芸術村

清春小学校(廃校)の跡地につくられた、アトリエや美術館、ショップ(写真)などを備える総合施設。

北杜市長坂町中丸 2072　☎0551-32-4865
■開館時間：10:00 〜 17:00(最終入館 16:30)
■休日：月曜日(祝日の場合は翌平日)、年末年始
■料金：大人 1500 円、大・高校生 1000 円　■駐車場：30 台

西桂・山中湖コース

霊峰・富士の絶景を訪ねる

▲ビュースポットとして知られる
新倉山浅間公園からの富士

はるか昔より人々が仰ぎ、信仰の対象としてきた富士山。２０１３（平成25）年に世界文化遺産に登録されてからは、より一層の注目と周辺環境の整備がなされてきた。自然、眺望、登山と富士山の楽しみ方はさまざまだが、ここでは麓の絶景ポイントや歴史・文化を中心に巡るコースを紹介したい。武田信虎・信玄・勝頼の三代からも信仰が厚く、以降もさまざまな文人墨客が愛した富士山の魅力を凝縮したコース。

モデルコース

START
富士吉田西桂スマートIC
↓ 4.8km（11分）
❶新倉山浅間公園
↓ 4.5km（11分）
❷富士山世界遺産センター
↓ 5.4km（8分）
❸北口本宮冨士浅間神社
↓ 8.8km（13分）
❹山中諏訪神社
↓ 1.9km（4分）
GOAL
山中湖IC

走行距離／25.4km
走行時間／47分

新倉山浅間公園

富士山と忠霊塔（五重塔）、そして季節には桜が一枚の写真に収められるスポットとして人気が高い。398段の階段を登り、絶景を堪能したあとは散策なども楽しめる。

富士吉田市浅間 2-3353
☎0555-21-1000（ふじよしだ観光振興サービス）
■駐車場：100台

整備された展望デッキ▶

富士の絶景ポイントと織物の町を楽しむ

富士吉田市には富士山の登山口があり、山梨のどこよりも富士に近いエリア。もちろん、絶景ポイントは数多いが、新倉山浅間公園からの富士はぜひ見ておきたいところ。一方、この地域は古くから織物で栄え、現在でもネクタイや傘といった商品に伝統を生かし続ける多くの工場が軒を連ねる。「すぐそこにある富士」と町の活気を感じるエリアだ。

ハタオリマチ案内所

伝統と現代の感覚を生かした織物が生まれ続けるこのエリア。案内所では工場やイベント、織物についての情報を得ることができる。

富士吉田市上吉田 2-5-1　☎0555-22-2164
■営業時間：10:00～16:30　■休日：不定休　■駐車場：424台

◀商品の購入も

▲駅正面にある鳥居

◀駅ビル「Q-STA」内ではGateway fujiyama富士山駅店などでお土産も

富士山駅

富士急行線で最も富士山に近い、富士山観光の玄関口。富士吉田駅から改称し、現在は駅入口に鳥居も。駅ビル「Q-STA」ではご当地ならではのお土産がもりだくさん。

富士吉田市上吉田 2-5-1　☎0555-73-8181（富士急コールセンター）
■営業時間：窓口 5:25～22:18　■駐車場：50台（パーク＆ライド専用）

② 富士山世界遺産センター 周辺

悠久の歴史を学び 遊びまで欲張る

山梨県立富士山世界遺産センターでは、2013（平成25）年に世界文化遺産となった富士山をさまざまな展示によって総合的・多角的に学ぶことができる。また、富士講信者らをもてなしていた御師の家を今に伝える御師住宅（旧外川家住宅・修復中）の隣には、インフォメーションセンターを兼ねた御師町お休み処も。学びのあとは富士急ハイランドで遊びも満喫できるエリア。

▲開館時のようす

山梨県立
富士山世界遺産センター

世界文化遺産富士山の魅力を発信し、後世へと守り伝えるための拠点。展示室では富士山の成り立ちから信仰・芸術など多角的に富士山を学ぶことができる。

南都留郡富士河口湖町船津 6663-1
☎0555-72-0259
■開館時間：7～8月 8:30～18:00、
12～2月 9:00～16:30
上記以外は 9:00～17:00
（最終入館各 30 分前）
■休日：南館は火曜日（祝日の場合は翌日）
■料金：無料　■駐車場：76 台

富士急ハイランド

絶叫系の乗り物やホラー系のアトラクションも有名なアミューズメントパーク。「トーマスランド」や「リサとガスパールタウン」などコラボ企画、イベントも多数。

富士吉田市新西原 5-6-1
☎0555-23-2111
■営業時間：時期により異なる
■休日：不定休
■料金：フリーパス大人 6000～7800 円、中・高生 5500～7300 円、小学生 4400～5000 円、幼児・シニア 2100～2500 円
■駐車場：5000 台（有料）

◀ZOKKONなど人気のアトラクションが多数

御師や富士吉田市の情報を得ながら、ひと息つけるスポット ▶

御《お》師《し》町《まち》お休み処
インフォメーションセンター

富士道者の宿泊や食事の世話をしていた御師。その住宅を復元した旧外川家住宅（修復中）に隣接し、カフェでの休憩やインフォメーション、また往時のこのあたりを再現したジオラマなどが楽しめる。

富士吉田市上吉田 3-14-10　☎0555-24-8660
■営業時間：9:00～16:00※御師町カフェは 9:00～16:00（LO15:30）
■休日：火曜日、年末年始※7、8 月は無休
■駐車場：12 台

③ 北口本宮冨士浅間神社周辺

古社と八海から さまざまな富士を仰ぐ

古くから信仰の対象であった富士山の歴史を見守り続けてきたのが北口本宮冨士浅間神社。木造では日本最大という鳥居も見どころ。ふじさんミュージアムでは大きな富士山の模型を使用したプロジェクションマッピングなど新たな展示方法から、富士信仰にまつわる貴重な資料まで幅広く富士山を楽しみ、知ることができる。忍野八海は世界文化遺産の構成資産。八海それぞれで味わいの異なる富士山の姿をじっくりと楽しみたい。

◀武田信玄が寄進した東宮（ひがしのみや）本殿

北口本宮冨士浅間神社

富士山への遥拝所を起源とし、およそ1900年もの歴史を刻む神社。本殿などは国の重要文化財に指定されており、富士山世界遺産の構成資産ともなっている。

富士吉田市上吉田 5558
☎0555-22-0221　■祈祷受付：9:00 〜 16:30（夏季延長あり）
■休日：なし　■駐車場：100 台

ふじさんミュージアム（富士吉田市歴史民俗博物館）

プロジェクションマッピングやアニメーションタッチパネルなど、さまざまな展示で富士山の歴史を紹介。貴重な資料も。

富士吉田市上吉田東 7-27-1　☎0555-24-2411　■開館時間：9:30 〜 17:00（最終入館 16:30）　■休日：火曜日（祝日を除く。7・8 月は開館）、年末年始　■料金：大人 400 円、小・中・高生 200 円／富士山レーダードーム館との共通入館券大人 800 円、小・中・高生 450 円　■駐車場：90 台

◀VRを利用した臨場感ある展示も

忍野八海

世界文化遺産富士山の構成資産で、富士山の伏流水による 8 つの湧水池からなる。かつては道者や富士講信者らが盛んに八海巡りをしたという。富士山の眺望も抜群。

南都留郡忍野村忍草
☎0555-84-4222（忍野村観光協会）
■駐車場：約 300 台（有料）
※底抜池のみ榛の木資料館内のため、9:00 〜 17:00 の開館時間（不定休・要問い合わせ）のみ見学可能（料金：大人〈中学生以上〉300 円、小学生 150 円、1 歳以上 100 円）

▲美しい水面に風景が映る（写真は湧池）

④山中諏訪神社周辺

山中湖畔を巡りながら花と温泉を楽しむ

山中諏訪神社の本殿は、相模国（現神奈川県）の北条氏と合戦に望む際、同社の加護を受けたいと武田信玄が造営寄進したという。一方、そこから北に向かうと広々とした山中湖花の都公園。春夏秋冬、どの季節でも折々の花が楽しめ、多彩な施設も。ここからも富士山の眺望は抜群。さらに付近には間近に富士を仰ぎながら楽しめる温泉・紅富士の湯が。静かな休日を過ごすにはもってこいのエリア。

歴史と静けさが漂う拝殿▶

山中諏訪神社

起源は西暦 104 年とも。豊玉姫命、建御名方命を祀り、安産子授けの社として崇敬されている。九月の例大祭は「山中明神安産祭り」として行われている。

南都留郡山中湖村山中御所 13　☎0555-62-3952
■拝観時間：9:00 ～ 17:00　■駐車場：30 台

◀四季折々の花が楽しめる

山中湖花の都公園

富士山の麓の広大な敷地で、四季折々の花が楽しめる。園内には滝や水車、土産処に食事処も完備。溶岩樹型の観察ゾーンもある。

南都留郡山中湖村山中 1650　☎0555-62-5587
■営業時間：4 月 16 日～ 10 月 15 日 8:30 ～ 17:30、
10 月 16 日～ 4 月 15 日 9:00 ～ 16:30
■休日：12 月 1 日～ 3 月 15 日の毎週火曜日（年末年始を除く）
■料金：季節により異なる　■駐車場：220 台（有料）

▲露天風呂からの眺望は抜群

山中湖温泉　紅富士の湯

季節ごとの自然も楽しめる日帰り温泉。露天風呂、内風呂、サウナを完備し、リフレッシュルームなども完備。

南都留郡山中湖村山中 865-776
☎0555-20-2700
■営業時間：異なる場合があるので HP で確認を
■休日：火曜日（祝日・GW、7 ～ 9 月、年末年始を除く）
■料金：大人 900 円、中・高生 700 円、小学生 350 円
■駐車場：220 台

●西桂・山中湖の立ち寄りどころ

山中湖文学の森公園

山中湖畔に立地し、三島由紀夫文学館（写真）と徳富蘇峰館が隣接する。前者では原稿やメモなど貴重な資料を公開。

南都留郡山中湖村平野 506-296　☎0555-20-2655
■開館時間 :10:00 ～ 16:30（最終入館 16:00）
■休日：月・火曜日（祝日の場合は翌日、GW を除く）、年末年始
■料金：大人 500 円、高校・大学生 300 円、小・中学生 100 円
■駐車場：89 台

富士すばるランド

富士山麓の自然を満喫するアスレチック施設やドギーパークなど、家族で楽しめるテーマパーク。

南都留郡富士河口湖町船津字剣丸尾 6663-1　☎0555-72-2239
■営業時間：4 ～ 11 月 10:00 ～ 17:00（土日祝は 9:30 ～）、12 ～ 3 月 10:00 ～ 16:00　■休日：水・木曜日（GW・祝日・夏休み・年末年始・春休みは除く）　■料金：1DAY パス大人（中学生以上）3700 円、4 歳～小学生 3100 円など　■駐車場：350 台

吉田のうどん

硬めの麺に茹でキャベツや馬肉、辛みのある薬味「すりだね」が特徴。富士吉田市内の全店マップもあり、「富士吉田市観光ガイド」サイトでダウンロードもできる。

☎0555-21-1000
（ふじよしだ観光振興サービス）

富士山レーダードーム館

富士山の気象観測について学べる施設。富士山頂にあった気象観測用レーダードームの展示や山頂・寒さ体験も。

富士吉田市新屋 3-7-2　☎0555-20-0223
■開館時間：9:00 ～ 17:00（最終入館 16:30）
■休日：火曜日（祝日を除く。8 月は開館）、年末年始
■料金：大人 630 円、小・中・高生 420 円　■駐車場：44 台

森の中の水族館。（山梨県立富士湧水の里水族館）

淡水魚に特化した水族館。山梨に生息する水生生物や魚類を見ることができる。

南都留郡忍野村忍草 3098-1 さかな公園内　☎0555-20-5135
■営業時間：9:00 ～ 17:00（7 ～ 9 月は 18:00 まで）
■休日：火曜日（祝日の場合は翌日）、年末年始　■料金：大人 420 円、小・中学生 200 円、幼児無料　■駐車場：100 台

▲笛吹市のFUJIYAMAツインテラスから望む富士山

河口湖・勝沼コース

富士の眺望と甲斐国一宮を巡る

富士五湖最大の湖・河口湖の周囲には、富士山のビュースポットが多い。展望台の整備された公園などからは山体がとても大きく、裾野まで見えて美しい。武田信玄をはじめ、富士(浅間)信仰はそうした姿を敬ってのこと。そこから北上する際、甲府盆地へたどり着くために越えて行くのが御坂峠。ここは、太宰治の「富嶽百景」の舞台となった場所でもある。甲州市に入ると、国内屈指の出土数を誇る縄文遺跡の博物館や、戦国時代の史跡が待っている。

モデルコース

START
河口湖 IC
↓ 5.4km(9分)
❶冨士御室浅間神社
↓ 3.3km(7分)
❷河口湖天上山公園
↓ 14.0km(21分)
❸天下茶屋
↓ 19.9km(26分)
❹淺間神社
↓ 3.5km(5分)
GOAL
勝沼 IC

走行距離／ 46.1km
走行時間／ 1時間8分

① 冨士御室浅間神社 周辺

武田家の祈願所に詣で 河口湖の景観を満喫する

河口湖大橋の南から西側へと湖畔を進むと、1400年以上の歴史を誇る古社・冨士御室浅間神社がある。湖に近く里宮、それより富士山に近く本宮がある。信玄・信虎に関する文化財も多い。近くには八木崎公園があり、園内には河口湖ミューズ館・与勇輝館も。冨士御室浅間神社をはさんだ反対（西）側には道の駅かつやまがあり、駐車場やレストランも完備していて、河口湖畔散策には欠かせないスポットとなっている。

◀本宮は国指定重要文化財

冨士御室浅間神社

創建は 699 年。里宮と本宮からなり、本殿は江戸時代、富士山二合目にあった。信虎・信玄・勝頼の武田三代が祈願所としたことでも知られる。

南都留郡富士河口湖町勝山 3951
☎0555-83-2399
■拝観時間：境内は自由（授与所は夏期 9:00 〜 16:30、冬期 9:00 〜 16:00）
■駐車場：30 台

▲お土産もずらり

◀名物溶岩からあげ

Gateway Fujiyama 河口湖駅店

富士急行線河口湖駅内にある施設。お土産品の販売や食事も可能。河口湖駅は富士急行線の終点にあたり、観光案内なども充実している。

南都留郡富士河口湖町船津 3641　☎0555-72-2214
■営業時間：9:00 〜 18:00（土祝は 19:00 まで、
日は 8:00 〜 19:00）※季節・施設により異なる
■休日：無休（不定休あり）
■駐車場：約 116 台（駅と共用、有料）

道の駅かつやま

河口湖畔の道の駅として、景観を味わい、散策を楽しむ拠点になる施設。レストラン、売店、休憩室のほか、展望台もある。

南都留郡富士河口湖町勝山 3758-1　☎0555–72–5633
■営業時間：9:00 〜 16:00（土日祝は 16:30 まで）※駐車場・トイレは 24 時間利用可　■休日：なし　■駐車場：100 台

▲売店にはとれたて野菜や手づくり工芸品も

河口湖天上山公園

河口湖畔から富士山パノラマロープウェイを使うと３分ほどで到着する山頂の公園。ここからの富士の眺望は格別。夏はあじさいの群生、秋は紅葉を楽しむこともできる。

南都留郡富士河口湖町浅川　☎0555-72-3168（富士河口湖町観光課）　☎0555-72-0363（～河口湖～富士山パノラマロープウェイ）
■営業時間：ロープウェイ 8:30 ～ 17:00（下り最終 17:20）
■料金：ロープウェイ往復　中学生以上 1000 円、
小学生 500 円

▲山頂へはロープウェイの他ハイキングも楽しめる

富士と河口湖を望む絶景 名作童話の舞台も

富士山北麓の富士五湖。その中で最大の河口湖周辺には、富士山の絶景ポイントが数多く点在する。童話「カチカチ山」の舞台といわれる天上山の公園は富士山の展望が抜群。「カチカチ山」は、天下茶屋に滞在した太宰治も小説で採り上げた。天上山の付近には他にも絶景ポイントが点在し、河口湖と富士山、どちらの眺めも楽しめる。河口湖大橋を北へ渡ると、程近くに河口湖美術館などが建ち並び、河口芸術の水辺プロムナードとなっている。眺望だけでなくさまざまな美も味わえるエリアだ。

◀春には桜並木が美しい

河口芸術の水辺プロムナード

河口湖畔一帯には、美術館や音楽ホールなどが建ち並ぶ。周辺には桜並木もあり、季節には観桜会の開催も。施設を楽しみながら巡りたい。

☎0555-72-3168（富士河口湖町観光課）
■駐車場：河口湖美術館駐車場、河口湖円形ホール駐車場を利用

▲地元の野菜や、地産地消のプライベートブランド商品も販売

◀山梨ブランドを詰め込んだ「旅の駅御膳」、河口湖のかっぱ伝説にちなんだ「かっぱ飯」など、ここでしか食べられないメニューも

旅の駅 kawaguchiko base

2022（令和 4）年夏にオープンした商業施設。地産マルシェ、地産レストランを備え、自然豊かな眺望の中でゆったりと過ごすことができる。プライベートブランドの商品も充実。

南都留郡富士河口湖町河口 521-4　☎0555-72-9955
■営業時間：9:30 ～ 17:30※季節により異なる
■駐車場：普通車 181 台

③ 天下茶屋 周辺

富士の美にひたりながら文豪の愛した茶屋を目指す

北上するたびに南へ遠ざかる富士山を遥拝する位置にあるのが河口浅間神社。平安時代建立の古社で、富士山の祭神である浅間大神を祀っている。そこからさらに北上して御坂峠へ。国道１３７号から県道７０８号に入ると天下茶屋がある。１９３４（昭和９）年創業、１９３８年には太宰治が井伏鱒二に連れられて逗留した。太宰作品の愛読者をはじめ、食事提供のみとなった現在も多くの人に愛されている。少し離れているが、ＦＵＪＩＹＡＭＡツインテラスという新たなビュースポットも。美しい富士山と河口湖の姿が広がるスポットだ。

◀「富士祝詞」も受け継がれている

河口浅間《あさま》神社

864（貞観6）年の富士山大噴火を鎮めるために翌年創祀。富士山の祭神である浅間大神を祀っている。県指定天然記念物の7本の巨大な杉も有名。

南都留郡富士河口湖町河口１
☎0555-76-7186　■駐車場：50台

▲さえぎるもののない絶景

FUJIYAMA ツインテラス

富士山の眺望が抜群という新道峠に設けられた展望台。ここからの河口湖をはさんだ富士山はまさに絶景。一般車両進入禁止区域のため、直前からシャトルバス（有料）を利用する。

笛吹市芦川町上芦川　☎055-261-2034（笛吹市観光商工課）

◀2階には太宰治記念室も設けられている

天下茶屋

かつて井伏鱒二や太宰治が逗留し、太宰の「富嶽百景」の舞台としてもよく知られている。現在はほうとう鍋をはじめとした料理を当時の味で提供。河口湖に分店「峠の茶屋」も。

南都留郡富士河口湖町河口2739　☎0555-76-6659
■営業時間：10:00～16:00※天候により短縮あり
■休日：なし※冬期天候による休業あり　■駐車場：10台

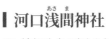

④浅間神社 周辺

縄文から戦国まで 古社を中心に甲斐国を感じる

甲斐国一宮の浅間神社は、富士の神である木花開耶姫命《このはなさくやひめのみこと》を祀っている。はるかな昔より、甲斐国にとって富士山がどのような存在であったかが感じられるようだ。また、この地には戦国時代、武田信玄の叔父にあたる勝沼信友が本拠を置いていたという。その勝沼氏館跡からは、内部で金の精錬などが行われていた痕跡が発見されている。名高い甲州金と関連しているとのこと。その西には釈迦堂遺跡博物館。国内有数の出土数を誇る縄文遺跡・釈迦堂遺跡群の出土品を多数展示する博物館で、高速道路へのアクセスも良好。

境内の夫婦梅から収穫された実▶

浅間神社

甲斐国一宮。平安時代の富士山大噴火の翌 865（貞観7）年に創建、木花開耶姫命を祀る。4月の大神幸祭（通称おみゆきさん）や境内の夫婦梅にあやかる6月の梅折枝神事でも知られる。

笛吹市一宮町一ノ宮 1684　☎0553-47-0900
■拝観時間：自由（授与所は 8:30 ～ 17:00）
■駐車場：100 台

美と縁結びにご利益があるとされる▶

◀貴重な出土品が数多く展示されている

釈迦堂遺跡博物館

1980（昭和 55）年、中央自動車道建設時に発見された日本有数の縄文遺跡や遺物を展示。国指定重要文化財 5599 点の内約 1400 点を常設展示。

笛吹市一宮町千米寺 764　☎0553-47-3333
■開館時間：9:00 ～ 17:00（最終入館 16:30）
■休日：火曜日と祝日の翌日、年末年始　■料金：大人・大学生 400 円、小・中・高生 200 円　■駐車場：29 台

勝沼氏館跡

武田信玄の叔父にあたる勝沼信友がその息子と二代にわたって住んだ館跡。国指定史跡として保存され、公園として公開されている。

甲州市勝沼町勝沼
☎0553-32-5076（甲州市教育委員会生涯学習課文化財担当）
■駐車場：7 台

▲復元された遺構が表示されている

●河口湖・勝沼の立ち寄りどころ

河口湖ハーブ館

ハーブに特化した複合施設。ショップや体験教室など多彩に楽しめる。

南都留郡富士河口湖町船津 6713-18　☎0555-72-3082
■営業時間：9:00 ～ 18:00　■休日：なし（年末年始短縮あり）
■駐車場：50 台

河口湖ミューズ館・与勇輝館

河口湖畔の八木崎公園内で、創作人形作家・与勇輝氏の作品ほかを展示。

南都留郡富士河口湖町小立 923 八木崎公園　☎0555-72-5258
■開館時間：9:00 ～ 17:00（最終入館 16:30）
■休日：木曜日（祝日を除く）　■料金：大人・大学生 600 円、中・高生 400 円※小学生以下無料　■駐車場：20 台

カムイみさかスキー場

首都圏から約80分という立地。夏季には室内ハーブパイプ（スノーボード用）も。

笛吹市御坂町上黒駒 5321-1　☎055-264-2614
■営業期間・休日：詳細は HP などで要確認
■料金：リフト 1 日券（大人 4500 円、子ども 3000 円、シニア 2700 円）ほか、イベント時料金等　■駐車場：2000 台

みさか桃源郷公園

「平成の塔」からの眺望は見事。春は桜や桃の花、池の鯉へのエサやりなども。

笛吹市御坂町尾山 650　☎055-262-1120
■営業時間：8:30 ～ 20:00（10 ～ 3 月は 18:00 まで）
■駐車場：45 台

山梨県森林公園 金川の森

県森林公園。遊具やバーベキュー設備、復元された古墳など広大な敷地が魅力。

笛吹市一宮町国分 1162-1　☎0553-47-2805
■開園時間：サービスセンター 9:00 ～ 18:00（11 ～ 3 月は 17:00 まで）
■休日：4 ～ 10 月無休、11 ～ 3 月月曜日（祝日の場合は翌日）、年末年始
■駐車場：約 480 台

▲武田信玄の菩提寺・恵林寺の四脚門（甲州市）。家康の再建とも

勝沼・一宮御坂コース

信玄、勝頼が眠る歴史と名刹の地へ

勝沼ＩＣから東へ向かうと、甲斐武田家終焉の地がある。武田勝頼が最後に目指した栖雲寺。夫人らとともに眠る景徳院には歴史ファンならずとも惹かれるところ。一方、西に向かえば全国屈指のぶどうとワインの産地。ぶどう畑とワイナリーが出迎えてくれ、歴史を伝える古刹や施設もある。そこから足を伸ばすと武田信玄の菩提寺・恵林寺。数々の文化財とともに、信玄が自らを模して造らせたという武田不動尊像にもまみえることができる。山梨市へと市境をまたげばフルーツがテーマの一大公園。山梨の魅力を一気に味わう贅沢なドライブコースだ。

モデルコース

START
勝沼 IC
↓ 8.8km（12 分）
❶景徳院
↓ 10.6km（16 分）
❷勝沼ぶどうの丘
↓ 9.3km（16 分）
❸恵林寺
↓ 7.5km（11 分）
❹山梨県笛吹川フルーツ公園
↓ 10.4km（16 分）
GOAL
一宮御坂 IC

走行距離／ 46.6km
走行時間／ 1 時間 11 分

◀勝頼、夫人、信勝の墓

景徳院

武田勝頼を弔うため、徳川家康が建立。織田・徳川に攻められた勝頼はこの地で夫人、ここで元服させた長子・信勝とともに自害した。境内には生害石や墓所などがある。

甲州市大和町田野 389　☎0553-48-2225　■駐車場：10 台

▲境内には武田勝頼親子が自刃した生害石も

歴史を目撃した名刹で武田家に思いを馳せる

武田信玄亡き後、甲斐武田家を継いだ信玄四男の勝頼だったが、強まる織田勢の攻勢に甲斐国内を東へ逃れていく。目指したのは、甲斐武田家のかつての当主の菩提寺で戦勝祈願所の栖雲寺。現在でも勝守といったお守りがある。勝頼一行はその途中の田野の地で果てるが、信玄を尊敬していた徳川家康はこの地に景徳院を建て、信長に焼かれた栖雲寺も再建した。まさに歴史の舞台となった地である。山中の名刹の静けさのなか、じっくりと思いを馳せたいエリア。

◀代々の甲斐武田家当主より庇護を受けた

栖《せい》雲《うん》寺《じ》

1348（貞和 4）年創建。武田信玄より 6 代前の武田家当主・信満の菩提寺。その際に断絶の危機を乗り越えた同家から庇護され、勝頼が織田・徳川に攻められたときもこの寺を目指した。

甲州市大和町木賊 122　☎0553-48-2797
■拝観時間：石庭・墓地は 8:00 ～ 17:00、
庫裏・宝物館（要予約）は 9:00 ～ 15:00
■料金：石庭 300 円、宝物館 500 円（石庭拝観も含む）　■駐車場：5 台

◀手打ちそば店「味処 そばの実」も人気

道の駅甲斐大和

蕎麦切り発祥の地としても知られる甲斐大和の道の駅では本格手打ちそばを味わえるほか、軽食コーナーやワインなどの充実した売店も。

甲州市大和町初鹿野 2248　☎0553-48-2571
■営業時間：9:00 ～ 18:00（手打ちそば店「味処 そばの実」は 11:00 ～ 16:00※売り切れ次第終了）
■休日：軽食・体験施設は水曜日、「味処 そばの実」は木曜日
※変更の場合あり
■駐車場：56 台

② 勝沼ぶどうの丘 周辺

時の重みを添えて景色と味を楽しむ

最寄り駅でいえばＪＲ勝沼ぶどう郷駅となるこの一帯は、その駅名が示す通りぶどうを育み、そこから生まれるワインに彩られる里。同駅前に広がり、勝沼ＩＣからも車で10分程度の位置にある勝沼ぶどうの丘には、ワインを中心とした売店やレストラン、温泉に宿泊施設もあり、夜景スポットとしても人気。付近には住職の手作りワインも購入できる大善寺や、近代産業遺産を利用した勝沼トンネルワインカーヴがあり、こちらも一見の価値あり。

▲甲州市ワイン品質審査会の審査を通ったワインを販売

勝沼ぶどうの丘

ぶどう畑に囲まれた小高い丘にあり、約180種類の推奨ワインが一堂に揃うワインショップ、レストランをはじめ、バーベキューや温泉など充実した施設が楽しめる。

甲州市勝沼町菱山5093　☎0553-44-2111
■営業時間：(売店)8:30～20:00※施設により異なる
■駐車場：300台

常時、良質のワインが用意されている▶

勝沼トンネルワインカーヴ

1903(明治36)年建設、レンガ積みのJR深沢トンネル(1100m)をワインカーヴとして整備。ワインの長期熟成と付加価値を高める施設になっている。

甲州市勝沼町深沢　☎0553-44-2111(勝沼ぶどうの丘)
■休日：年末年始※臨時休館あり　■駐車場：10台

◀100年前の面影が残るたたずまい

住職の手作りワイン販売も▶

大善寺

行基が草創したとも伝えられ、重要文化財の薬師如来像がぶどうの房を持っていることでも知られる。武田家とのゆかりも。

甲州市勝沼町勝沼3559　☎0553-44-0027
■拝観時間　9:00～16:30(最終受付16:00)
■拝観料：大人500円、小・中・高生300円※人数により異なる
■駐車場：40台

▲本堂（薬師堂）は国宝。場内には信玄の従妹・理慶尼の墓所もある

③ 恵林寺 周辺

信玄の菩提寺 代々受け継がれた鎧も

鎌倉時代に創建された恵林寺は、武田信玄の菩提寺。開山は夢窓疎石。戦国時代には信玄の葬儀で大導師を務めた快川紹喜が入った。快川は織田軍によって同寺が焼き討ちにあった際、「心頭滅却すれば火も自ずから涼し」の言葉を残したとされ、いまも三門にその文言が掲げられている。すぐ北には800年以上の歴史を誇る放光寺。鎌倉時代、一之谷の戦いで平氏の大将を討ち取った安田義定が開基。甲斐源氏は後に武田信玄を生んだ。天神（菅原道真）を祀り、甲斐武田家とも縁が深い菅田天神社も近い。他に付近では江戸時代の民家・旧高野家住宅（甘草屋敷）が、国の重要文化財に指定されている。

◀「心頭滅却すれば……」の偈が掲げられている三門

▲境内にある武田信玄の墓所

恵林寺

1330（元徳 2）年に夢窓疎石が開創した名刹。国の重要文化財の四脚門をはじめ多くの文化財があり、信玄墓所（毎月 12 日のみ開門）もある。

甲州市塩山小屋敷 2280　☎0553-33-3011　■拝観時間 :8:30 ～ 16:30 閉門　■駐車場 :150 台

放光寺

平安時代の 1184（寿永 3）年、平氏と戦った甲斐源氏安田義定を開基として創建。多くの文化財のほか、四季折々の「花の寺」としても知られている。

甲州市塩山藤木 2438
☎0553-32-3340
■拝観時間：9:00 ～ 16:30
■料金：高校生以上 400 円、
小・中学生 100 円
■駐車場：50 台

▲花の寺としても知られる（写真はハスの季節）

菅田天神社

842（承和 9）年創建、素盞嗚尊、五男三女神、菅原道真公を祀る古社で、非公開だが甲斐源氏の祖・新羅三郎義光以来、武田家が代々受け継いだ国宝「小桜韋威鎧 兜 大袖付（楯無鎧）」を所蔵している。

甲州市塩山上於曽 1054　☎0553-33-4006
■拝観時間：自由　■駐車場：約 5 台

▼楯無鎧の復元は山梨県立博物館で見ることができる

④ 山梨県笛吹川フルーツ公園 周辺

テーマパークでフルーツ三昧 武田氏ゆかりの寺社も

新日本三大夜景のひとつにも選ばれた山梨県笛吹川フルーツ公園は、甲府盆地を見わたす丘にある。ぶどう、桃などフルーツ王国の山梨を堪能できる大公園だ。その周囲の古社・名刹で甲斐武田氏の歴史に触れられるのも、このエリアならでは。

公園内のレストランカフェ▶では、季節のフルーツを使ったパフェなども人気

山梨県 笛吹川フルーツ公園

花とフルーツとワインをテーマにした都市公園。子ども連れでも楽しめる施設やミュージアム、足湯などもある。新日本三大夜景・恋人の聖地・関東の富士見百景に認定された展望も。

山梨市江曽原 1488　☎0553-23-4101
■営業時間：一部を除き野外施設は 24 時間、屋内は施設により異なる
■休日：なし　■料金：施設、利用により異なる　■駐車場：約 450 台

▲甲府盆地の夜景を一望できる

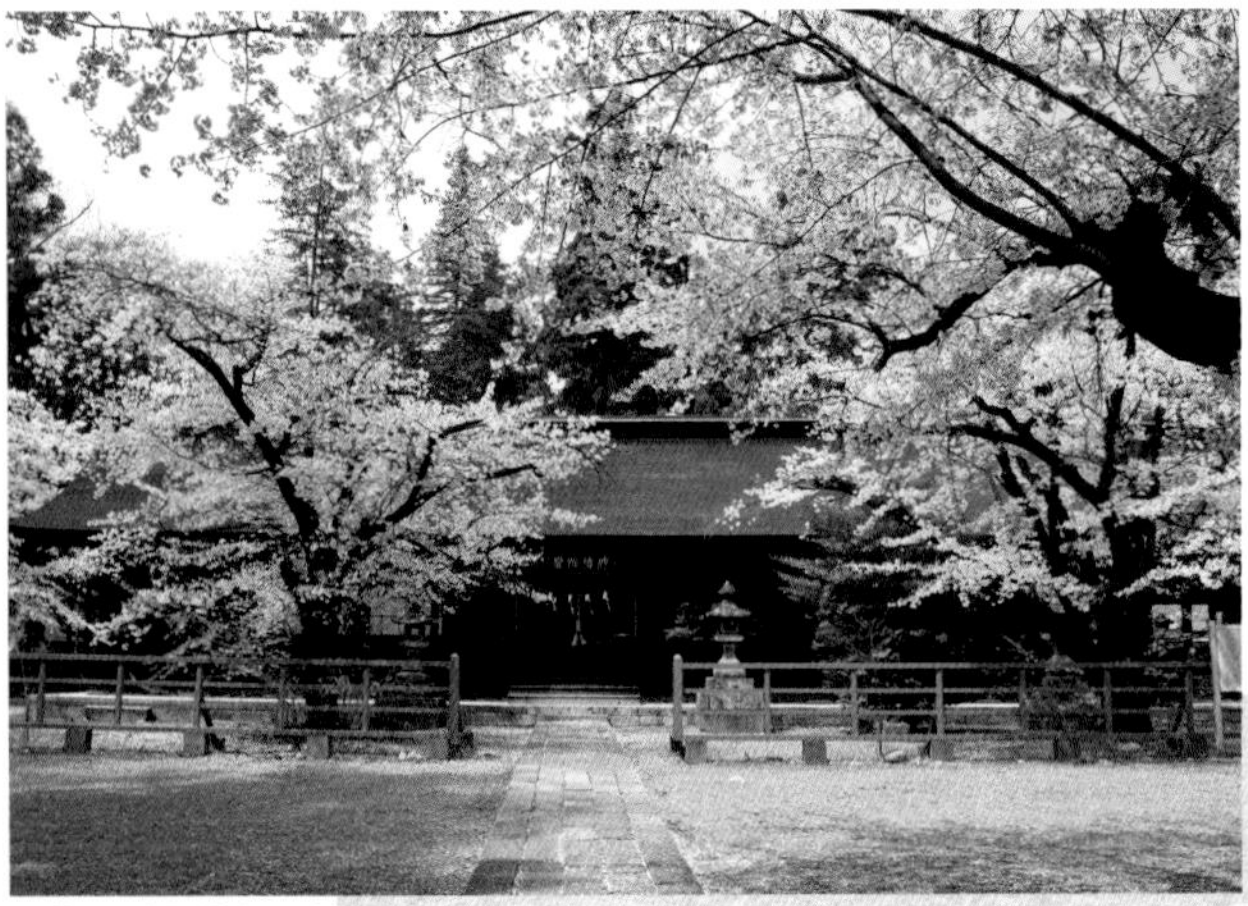

▲厳かな時間が流れる境内

大井俣窪八幡神社

甲斐源氏につらなる清和天皇の勅願で 859（貞観元）年に宇佐八幡を勧請。甲斐武田氏の祖・新羅三郎義光をはじめ武田氏の崇敬を集めた。現存する全国最大級の流造本殿は圧巻。

山梨市北 654　☎0553-23-5390
■拝観時間：自由　■駐車場：約 10 台

▲屋根には武田家の家紋も

永昌院

1504（永正元）年、武田信玄の曾祖父・信昌が開基となって創建。その信昌の墓所（山梨市指定史跡）のほか、県・市指定の文化財もある。

山梨市矢坪 1088
☎0553-22-2179
■拝観時間：自由※堂内の拝観は要予約
■駐車場：約 30 台

●勝沼・一宮御坂の立ち寄りどころ

やまなしフルーツ温泉ぷくぷく

笛吹川フルーツ公園内にあり、フルーツ風呂などが人気。食事処も。

山梨市大工 2589-13　☎0553-23-6026
■営業時間：平日 11:00 ～ 23:00（最終入館 22:30、土日祝は 10:00 ～）※食事処は 20:00 まで（LO19:50）　■休日：不定休（機械メンテナンスのため、数日あり）　■料金：平日大人 930 円・小人（中学生以下）460 円、、土日祝大人 1100 円・小人（中学生以下）500 円 ※山梨県民は身分証提示で割引あり　■駐車場：約 100 台（笛吹川フルーツ公園を含む）

宮光園

宮崎光太郎が明治期、私邸に整備した葡萄酒醸造所と観光ぶどう園の総称。現在は当時のワイン醸造に関する資料を展示。

甲州市勝沼町下岩崎 1741　☎0553-44-0444
■開館時間：9:00 ～ 16:30（最終入館 16:00）
■休日：火曜日（祝日の場合は翌日）、年末年始※要確認
■料金：20 歳以上 200 円、学生（小学生以上）100 円　■駐車場：20 台

旧高野家住宅（甘草屋敷）

国の重要文化財である江戸時代後期の民家を歴史公園として公開。

甲州市塩山上於曽 1651-15
☎0553-32-5076
（甲州市教育委員会生涯学習課文化財担当）
■開館時間：9:00 ～ 16:30（子ども図書館は 9:30 ～）　■休日：火曜日（祝日の場合は開館）、祝日の翌日、年末年始　■入館料：大人 310 円、子ども（6 歳以上 20 歳未満）・20 歳以上の学生 200 円　■駐車場：30 台

ラーほー

笛吹市の新名物。郷土食ほうとうをラーメン風に調理、市内複数店舗で楽しめる。ポータルサイト「ふえふき観光ナビ」では提供店一覧やマップも。

☎055-261-2034（笛吹市観光商工課）

万力公園

万葉集に詠まれたさまざまな植物や歌碑のほか、バーベキュー施設や動物広場も。

山梨市万力 1828　☎0553-23-1560
■開園時間：施設により異なる
■休日：月曜日（祝日の場合は翌日）
■料金：施設により異なる
■駐車場：250 台

▲日本三奇橋のひとつ、大月市の名勝猿橋

上野原・大月コース

旧甲州街道から奇橋・伝説の地へ

東京・神奈川に隣接し、豊かな自然に囲まれた首都圏のベッドタウンでもあるこのあたりは、往時より街道で江戸と結ばれ、今なお歴史情緒にあふれている。旧甲州街道の街並や日本三奇橋のひとつ名勝猿橋、武田信玄・勝頼の時代にドラマをつくった岩殿城跡、そこここに点在する近代産業遺産。また百蔵山（ももくらやま＝桃）、犬目、鳥沢、猿橋に加え「鬼」の文字が入る地名などから生じた桃太郎伝説や、長寿の村のほか数々のパワースポットも。何気ない景色に秘められた魅力を楽しみたいコース。

モデルコース

START 上野原 IC

8.1km（14 分）

❶棡原・西原

7.2km（13 分）

❷旧甲州街道

16.5km（23 分）

❸猿橋

3.1km（6 分）

❹岩殿山

4.1km（9 分）

GOAL 大月 IC

走行距離／ 39km

走行時間／ 1 時間 5 分

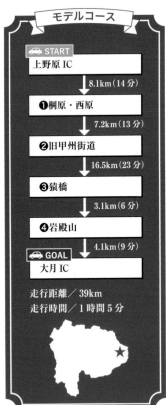

❶ 棡原・西原 周辺

長寿の里のパワースポット 自然と料理を満喫

上野原ICから北側へ車を走らせると、長寿の村で有名な棡原《ゆずりはら》へとつながる。その途中にある軍刀利神社の奥には推定樹齢500年、高さ30m以上というカツラの木があり、パワースポットとしても知られている。西へ車を走らせるとふるさと長寿館。地元の食材が取り揃えられているほか、郷土料理を楽しめる食事処も。さらに北西へと進めば西原地区。ここには水車挽き・手打ちのそばが楽しめるびりゅう館がある。

▲鳥居をくぐり、石段を登ると見えてくる拝殿

▲北側にあるカツラの巨木は、パワースポットとしても人気

軍《ぐん》刀《だ》利《り》神社

日本武尊を祀り、武蔵・相模・甲斐の三国を守る神社。厄除け、招福・縁結びに御利益があるという。拝殿の前には日本武尊東征に由来する大きな剣も。

上野原市棡原 4135-4　☎0554-67-2916
■拝観時間：自由　■駐車場：5 台

◀農産物やワインも販売

ふるさと長寿館

長寿で有名な上野原市棡原。上野原 IC から車で 15 分程度。こんにゃくや味噌、地元の人たちが育てた野菜を販売するほか、食事処がある。

上野原市棡原 2374-1　☎0554-67-2910
■営業時間：9:00 ～ 17:00
■休日：年末年始　■駐車場：25 台

羽置の里びりゅう館

地元の野菜や工芸品の直売に絵画、陶芸作品の展示も。水車小屋があり、そこで挽かれたそば粉で手打ちそばが楽しめるほか、西原地区の観光案内も。

上野原市西原 6931　☎0554-68-2100
■営業時間：10:00 ～ 17:00 ※食堂は 11:00 ～ 16:00(LO15:30)
■休日：水曜日、冬期　■駐車場：30 台

▲自然の恵みを提供

旧甲州街道

そこここに本陣跡や碑が残る上野原市の旧甲州街道。かつて織物や多くの宿屋で栄えた面影も色濃く、歴史散策はもちろん、周辺には名物・酒まんじゅうを扱う店舗も多数。

上野原市上野原～大月市富浜町鳥沢
☎0554-62-3150（上野原市観光協会）／☎0554-22-2942（大月市観光協会）

野田尻宿の佇まい▶も趣深い

▲宿場町の面影を残す鳥沢の街並み

旧街道の面影をたどり 特産品を楽しむ

上野原ＩＣの西にある諏訪番所跡から、旧甲州街道の面影を残すコースが大月市へと伸びている。上野原宿・鶴川宿・野田尻宿……。犬目宿は北斎や広重が富士を描くために選んだ地であり、大月市の鳥沢、猿橋などと合わせて桃太郎伝説の舞台にもなっている。その旧街道から寄り道すれば、談合坂ＳＡぷらっとパークなど、この土地ならではの味が楽しめるスポットも多い。

◀新鮮な野菜が盛りだくさん

談合坂やさい村

高速道路のサービスエリアなどを一般道から利用できるようにしたぷらっとパーク。談合坂SAも上り・下りともに一般道から利用でき、やさい村は上りにある。

上野原市大野 4943 談合坂 SA（上り）　☎0554-66-4665
■営業時間：9:00 ～ 17:00※季節により異なる　■定休日：年末年始

▲春には桜が水辺を華やかに染める

② 旧甲州街道 周辺

大野貯水池

1912（明治 45）年に着工されたという発電用の貯水池だが、いまも現役。国の重要文化財に指定された近代産業遺産であるとともに、桜の名所としても知られている。

上野原市大野
☎0554-62-3150（上野原市観光協会）
■駐車場：12 台

③猿橋

▲シーズンには猿橋遊覧も人気

猿橋

建築年代は不明ながら、1670年代にはすでに架かっていたという。夏の若葉、秋の紅葉など、四季折々の風情も魅力。

大月市猿橋町猿橋　☎0554-22-2942（大月市観光協会）
■駐車場：10 台

江戸時代の橋梁技術
四季折々の景色も味わう

「岩国の錦帯橋」「木曽の桟《かけはし》」と並ぶ日本三奇橋のひとつ「猿橋」は、その独特な構造から猿が身を連ねて対岸にわたっていく姿にヒントを得たとも言われ、実際に渡るだけでなく、かつて浮世絵にも描かれた風光明媚な景観も楽しめる。また、ここは桃太郎伝説で猿をお供にした場所ともされる。橋の先では江戸時代から続いたかつての宿屋「大黒屋」がお土産処・お食事処として２０２３（令和５）年11月にリニューアルオープン。ここを定宿としていた国定忠治にちなんだそばや、ご当地土産の買い物を楽しめる。

▲遊歩道沿いにはたくさんのアジサイも

▲食堂では名物の忠治そば（右）などが味わえるほか、お土産売り場には大月や山梨県の特産品も

④ 岩殿山周辺

岩殿山（岩殿城跡）

登山道も整備されていて、ハイキングコースとしても楽しめる。武田家臣の小山田氏が治めていたという城跡の遺構を示す案内板も多数。

大月市賑岡町強瀬字西山 53
☎0554-22-2942（大月市観光協会）
■駐車場 :12 台（岩殿山公園駐車場）

「鏡岩」と呼ばれる岩が露出した独特の▶姿を見せる岩殿山。中腹の丸山公園から

戦国の山城跡から江戸の宿場町まで

ＪＲ大月駅の北側にそびえる岩壁（鏡岩）が特徴の岩殿山。標高６３４ｍ、山梨百名山のひとつとして登山愛好家やハイカーにも人気が高く（現在、山頂までの登山は禁止）、桃太郎伝説では鬼が住むといわれる「鬼の洞窟」も。と同時に戦国時代の岩殿城跡でもあり、織田勢に追われた武田勝頼がこの城での籠城を目指して果たせず、武田家は滅亡した。武蔵・相模（東京・神奈川・埼玉）に通じるかつての交通の要衝で、城の遺構も山中のそこここに。付近では、旧甲州街道の宿場町・下花咲の本陣だった星野家住宅の姿も見ることができる。

▲丸山公園内には、岩殿山に関する展示などのある岩殿山ふれあいの館も

星野家住宅

旧甲州街道の宿場町・下花咲の本陣。1880（明治 13）年には天皇が巡幸の際休息された。主家・籾蔵・味噌蔵、文庫蔵等は国重要文化財。

大月町花咲 193　☎0554-22-0006 ／☎0554-23-2708（見学の際は要予約）
■駐車場：見学予約の際に要確認

◀江戸時代のたたずまいを今に伝える星野家住宅

厚焼木の実煎餅

大月市内の栄月製菓で菓子職人が一枚一枚手焼きでつくる、地元でしか味わえない名菓。生地を三度焼き重ねた独特の硬さと、山椒の風味がたまらない逸品。市内の観光案内所などで取り扱っている。

▲小麦粉でつくる甘味せんべいだが、歯ごたえは特徴的

●上野原・大月の立ち寄りどころ

桂川

与謝野鉄幹・晶子夫妻らが訪れ、愛した水辺の散策コース。

☎0554-62-3150(上野原市観光協会)
■駐車場:60 台

月見が池

ため池百選に選ばれ、桜の季節は美しい。付近には江ノ島神社も。

上野原市上野原
☎0554-62-3150(上野原市観光協会)

牛倉神社

農耕の五神に捧げる9月の例祭で知られる。厄除招福の撫牛も。

上野原市上野原 1602　☎0554-63-0906

酒まんじゅう

上野原市をはじめとするこの地方の名物。旧甲州街道沿いに多くの店がある。

☎0554-62-3150(上野原市観光協会)

せいだのたまじ

上野原・棡原地域の郷土料理。皮付きじゃがいもを味噌でにころがす。

上野原市上野原 3832
☎0554-62-3119(上野原せいだのたまじ本舗事務局)※店舗ではないので注意

桃太郎伝説御朱印巡り

青苔寺、西光寺、宝勝寺（以上上野原）、円福寺、妙楽寺、浄照寺（以上大月）の六山を巡る、伝説にちなんだ御朱印。

☎0554-62-3198(六山会事務局・青苔寺)

▲水の豊かなこのコースには、滝も多い（都留市・田原の滝）

都留・西桂コース

旧谷村藩領と名水の地を行く

徳川時代、江戸に近い都留の地には谷村藩（後に幕府直轄）があり、将軍家御用達の茶葉を新茶の時期から保存・熟成、江戸城に運ぶ宇治採茶使一行「茶壺道中」を担っていたという。その道中が現在も祭りで再現されるなど、歴史の面影豊かなこのコース。その一方でリニア実験線と見学センターが設けられ、世界最先端の技術を見ることができる。豊かな水と空気、そして山々に囲まれた風光明媚な地で、過去と未来を体感しよう。

モデルコース

START
都留 IC
↓ 4.4km（7 分）
❶尾県郷土資料館
↓ 5.7km（10 分）
❷勝山城跡
↓ 2.9km（7 分）
❸田原の滝
↓ 6.3km（12 分）
❹三ツ峠さくら公園
↓ 4.8km（9 分）
GOAL
富士吉田西桂スマート IC

走行距離／ 24.1km
走行時間／ 45 分

① 尾県郷土資料館周辺

近代建築の面影に触れつつ最先端の技術を体感

尾県郷土資料館は、山梨県の初代県令・藤村紫朗によって明治初期に進められた藤村式（洋風）建築で建てられた旧小学校。県内に残っている同様式の建造物のひとつで、かつての教育環境や近代化の息吹をじかに感じることができる。その過去とは正反対ともいえる近未来の乗り物が、山梨県立リニア見学センターではすぐ目の前に。山間部で豊かな水に育まれた特産物とともに楽しみたい。

◀かつての教室も再現

▲藤村式と呼ばれる洋風建築

尾《お》県《がた》郷土資料館

1878（明治11）年開校の旧小学校を1973（昭和48）年に復元、現在は郷土資料館に。藤村式と呼ばれるその建物は、山梨県の文化財に指定されている。

都留市小形山 1565-1　☎0554-45-8008（ミュージアム都留）
■開館時間：10:00 ～ 16:00　■休日：月・水・金曜日（祝日は開館）、祝日の翌日、年末年始、館内整理日　■駐車場：30台

◀湧水ポークを使用した「2倍生姜焼き定食」

道の駅つる

豊かで美しい水に恵まれたこの地域ならではの野菜や富士湧水ポークが直売されているほか、地産地消レストランやジェラートカフェも。

都留市大原 88　☎0554-43-1110
■営業時間：直売所、テイクアウト、観光案内所 9:00 ～ 17:30（1 ～ 3月は 17:00 まで）、レストラン 10:30 ～ 15:00
■休日：なし　■駐車場：76台

山梨県立リニア見学センター

山梨リニア実験線の走行試験開始に合わせ開館。走行試験の様子や、リニアの仕組みなどを見学することができる。ここだけのリニアグッズを扱うショップも。

都留市小形山 2381　☎0554-45-8121
■開館時間：9:00 ～ 17:00（最終入館 16:30）
■料金：どきどきリニア館大人・大学生 420円、高校生 310円、小・中学生 200円　※わくわくやまなし館は無料
■休日：月曜日（祝日の場合は翌日）、祝日の翌日（金土日を除く）、年末年始
■駐車場：140台

◀「どきどきリニア館」のほか、観光情報やお土産を扱う「わくわくやまなし館」も

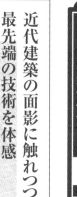

② 勝山城跡 周辺

いまも親しまれる〃お城山〃 徳川時代の面影も

標高５７１ｍの城山にあった勝山城は、城下町の都留市谷村で今も「お城山」として親しまれている。徳川時代はもちろん、先史時代からの歴史が概観できるミュージアム都留では、江戸でも大人気だった郡内織（甲斐絹）などの展示も。また、市内では毎年、大名行列も見られるふるさと時代祭りを行っているほか、江戸で大火に遭った俳人・松尾芭蕉が谷村藩家老に招かれ逗留した名残りも。２０２３（令和５）年５月からはＡＲを利用した「つるのルーツ」プロジェクトで城下町・都留の魅力を発信している。絵になる景色がいっぱいのコースだ。

◀御城印の販売も。道の駅つる、ミュージアム都留で購入できる

勝山城跡

武田家家臣の小山田信有がこの地に居を移した際、要害城として築いたとされ、江戸時代には現都留市中央にあった谷村城の属城となった。いまは公園として整備されている。

都留市川棚　☎0554-43-1111（都留市観光協会）
■駐車場：3 台

▲LINEを使用した「つるのルーツ」ではARポイントにもなっている

ふるさと時代祭り（八朔祭り）

毎年 9 月上旬に生出《おいで》神社の秋の例祭として行われる、郡内（山梨県東部・富士五湖地方）三大祭りのひとつ。江戸時代にはすでに大名行列が行われていたという。現在も江戸の衣装をまとった大名行列や、豪華な八朔屋台が街を彩る。

宵祭りの八朔屋台と▶大名行列

☎0554-43-1111
ふるさと時代祭り実行委員会（都留市産業課内）

ミュージアム都留

縄文時代の暮らしから、江戸期の城下町時代、特に勝山城の果たした役割やこの地に滞在した俳人・松尾芭蕉についてなどを展示。画家・増田誠美術館も併設。

都留市上谷 1-5-1　☎0554-45-8008
■開館時間 :9:00 ～ 16:30(最終入館 16:00)　■休日 : 月曜日（祝日の場合は開館）、祝日の翌日、年末年始、特別整理期間
■料金 : 原則無料（一部企画展・特別展を除く）
■駐車場：10 台

▼さまざまな企画展も行っている

③田原の滝 周辺

▲街中で鑑賞できる田原の滝

◀紅葉期も美しい

田原の滝

市指定の名勝。水量豊富な桂川がいくつもの滝となって流れ落ちている。富士山からつながる水の道でもあり、富士急行線沿線であることから、撮り鉄人気も。

都留市十日市場 1527
富士急行線十日市場駅から徒歩 5 分
☎0554-43-1111（都留市観光協会）
■駐車場：8 台

街なかで浴びる涼気 身近な滝のパワーをもらう

都留市の名勝に指定された田原の滝は、山深いところにあるのではなく、なんと国道１３９号沿い。このあたりがどれだけ水に恵まれ、風光にあふれた地であるかがわかる。太郎・次郎滝はもう少し野趣あふれる景色の中にあるものの、気軽に見に行ける距離だ。さらに、名水の地の古刹・長慶寺にはオープンしたばかりの寺茶房 喫茶去も。町中で歴史散策をするついでに、滝へ涼気を浴びに……。このコースならではの贅沢を味わいたい。

太郎・次郎滝

落差およそ 10m。柄杓流川へと流れ込む滝で、景観は抜群。一方で、暮らしのために盗みをはたらき、この滝へと落ちた兄弟の名にちなんでいるという悲しい言い伝えも。

都留市夏狩　富士急行線東桂駅から徒歩 15 分
☎0554-43-1111（都留市観光協会）　■駐車場：10 台

◀太郎・次郎滝

寺茶房 喫茶去

長慶寺は 1462（寛正 3）年創建の古刹。湧水に囲まれ、清浄感漂う境内に 2023（令和 5）年、「寺茶房 喫茶去」がオープン。古刹の雰囲気と本格的なコーヒーによる、他にはない空間だ。

都留市夏狩 240 長慶寺内
☎080-5924-8186
■営業時間：木～日曜日
11：00 ～ 16：00
■休日：月～水曜日　■駐車場：30 台

和風キーマカレーなどフードメニューも充実▶

和パフェ（ほうじ茶）▶

◀四季折々の境内も魅力

④ 三ツ峠さくら公園周辺

開運の山の麓で景観とレジャーを満喫

富士山の眺望も抜群な三ツ峠山は開運の山ともよばれ、また標高1785m、ロッククライミングも楽しめる山容は、多くの登山愛好家にも古くから人気。麓に目を向ければ、登山以外にも大きな楽しみが。そのひとつが花。特に桜は三ツ峠さくら公園の名物となっている。春以外にも三ツ峠グリーンセンターや憩いの森・神鈴の滝遊歩道と自然を存分に楽しめるエリア。

三ツ峠さくら公園

三ツ峠山の麓にあるこの公園の名物はなんといっても桜。日本三大桜の「尾根谷淡墨桜」「山高神代桜」「三春滝桜」の後継樹が楽しめる。

南都留郡西桂町下暮地 1834-1
☎0555-25-2173(西桂町建設産業課)
■駐車場:10 台

▲シーズンには桜が咲き誇る園内

▲開花期間中はライトアップも

憩いの森公園・神鈴の滝遊歩道

三ツ峠山の中腹の登山道沿いにあり、景観に配慮した季節の花々が楽しめる。また遊歩道で神鈴の滝観賞も。

南都留郡西桂町下暮地
☎0555-25-2173(西桂町建設産業課)　■駐車場：30 台

◀清らかな神鈴の滝

▲自然豊かな遊歩道

三ツ峠グリーンセンター

三ツ峠さくら公園に隣接しており、宿泊・休憩、スポーツ、レジャーなどが楽しめる複合施設。露天風呂、内風呂、薬草風呂の日帰り入浴もできる。

南都留郡西桂町下暮地 1900　☎0555-25-3000
■営業時間：9:00 ～ 22:00
■休日：火曜日　■駐車場：30 台

◀三ツ峠の湧水を利用した露天風呂も人気

●都留・西桂の立ち寄りどころ

あしたば硝子工房

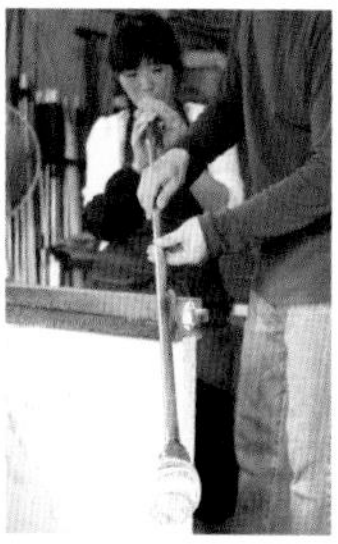

吹きガラスやペーパーウェイトアクセサリー体験が可能。器を中心にオリジナル作品も。

南都留郡西桂町下暮地 3066　☎0555-25-3880
■電話受付時間：10:00 ～ 18:00　■休日：不定休
■料金：体験により異なる　■駐車場：約 5 台

都留市商家資料館

市有形文化財。1921(大正10)年建造の絹問屋の姿を今に伝えている。

都留市上谷 3-1-20　☎0554-45-8008(ミュージアム都留)
■開館時間：10:00 ～ 16:00　■休日：月・水・金曜日（祝日は開館)、祝日の翌日、年末年始、館内整理日　■駐車場：4 台

とうざんの里

四季折々の花々や新緑・紅葉などが楽しめる、私設の植物園。

南都留郡西桂町下暮地 2833
☎0555-25-2361
■開園時間：10:00 ～ 15:30
■開園日：福寿草・エビネ・紅葉の一般公開時
■駐車場：約 5 台

山梨泊まれる温泉　より道の湯

2018（平成30）年オープン。宿泊はもちろん、日帰り入浴も可能。

都留市つる 1-13-31　☎0554-56-8600
■営業時間：入館は 10:00 ～ 23:00（最終受付 22:00）※利用サービスにより異なる
■休日：不定休　■料金：(日帰り入浴) 館内着・タオル付での入館大人 1400 円（土日祝 1500 円)、小学生以下 660 円ほか
■駐車場：110 台

桂林寺

郡内領主で武田家家臣だった小山田氏の菩提寺。睡蓮の名所としても知られている。

都留市金井 397
☎0554-43-3270　■駐車場：20 台

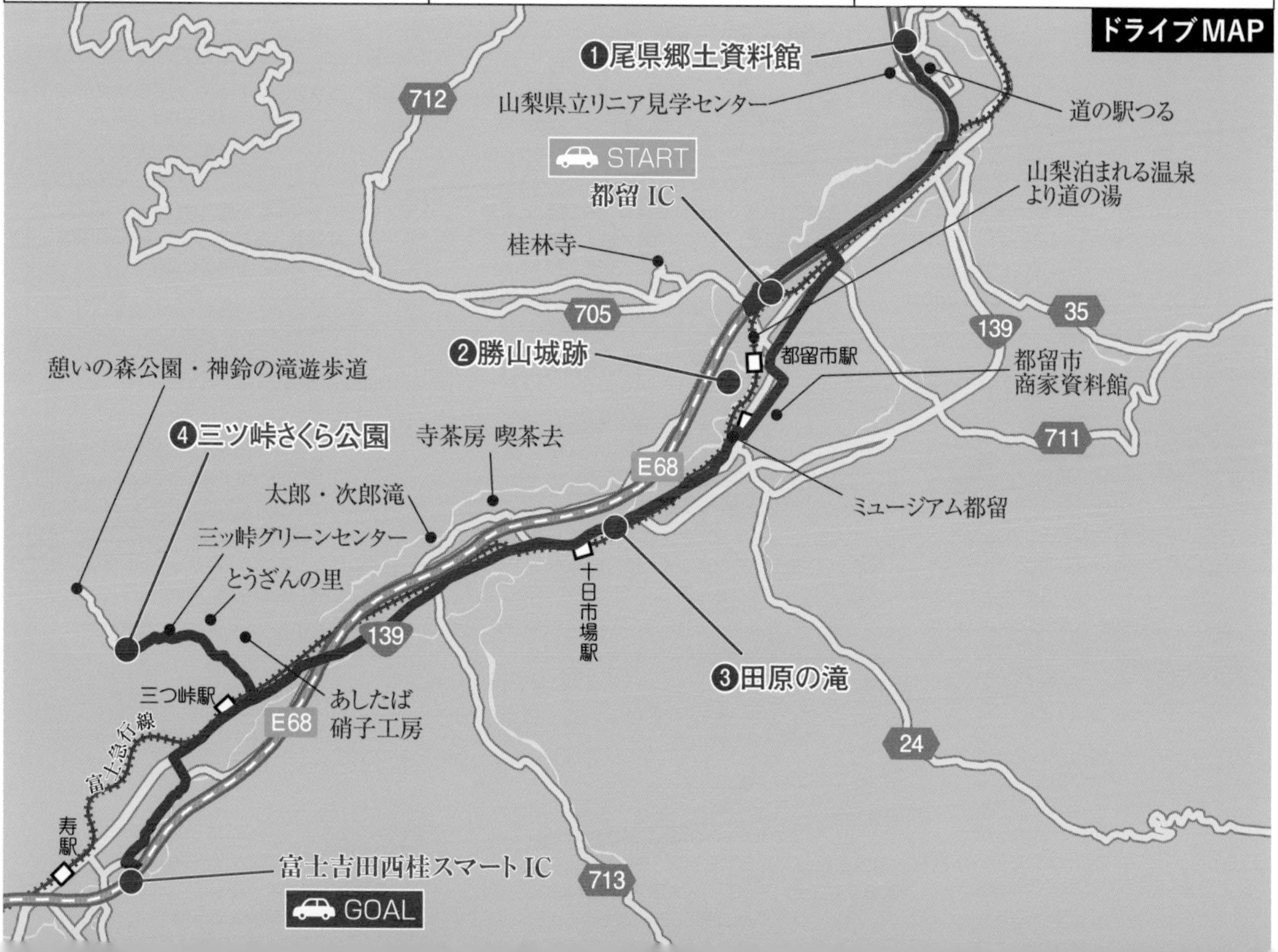

▲フォトスポットとしても知られる中野の棚田（南アルプス市）

双葉・増穂コース

フルーツの里に名刹を訪ねる

戦国時代、武田信玄が行った治水事業として名高い信玄堤がよく残る釜無川のあたりから甲斐市、フルーツの産地・南アルプス市、南下して富士川町へと向かう。武田信玄に関する寺社だけでなく、縄文・江戸、さらには昭和まで、この地域で積み重ねられた暮らしの記憶が蘇るスポットが多い。もちろん、それぞれの土地で採れた農産品などの買い物もふんだんに楽しめる。さまざまな時代の日常を体感したい。

モデルコース

START 双葉スマートIC

↓ 1.4km（3分）

❶ドラゴンパーク

↓ 7.2km（11分）

❷道の駅しらね

↓ 5.9km（11分）

❸古長禅寺

↓ 2.0km（5分）

❹安藤家住宅

↓ 4.8km（8分）

GOAL 増穂IC

走行距離／21.3km

走行時間／38分

① ドラゴンパーク周辺

山国の眺望を味わい ふんだんにフルーツを楽しむ

甲府盆地から西へと徐々に標高が上がっていくあたりに、ドラゴンパークの愛称で親しまれる赤坂台総合公園がある。ドラゴンは旧町名「竜王」から。「竜王」の由来には諸説あるが、その一つに釜無川の氾濫が激しかったことからそう呼んだのではないかという説もある。釜無川流域は水害の多い土地だったが、武田信玄が堤防（信玄堤）を築いて治めた。そんな歴史を感じながら南アルプス市へと入れば、今度は縄文時代の息吹にも触れることができる。

赤坂台総合公園（ドラゴンパーク）

展望塔があり、八ヶ岳や富士山などの名峰や、甲府盆地の街並みを見わたすことができる。2万5千㎡に及ぶ芝生広場は圧巻。遊具に加えおむつ自販機や交換台も。

甲斐市竜王 338-2　☎055-276-2161
■利用時間：展望塔・アンダーパスは 9:00 ～ 17:00
■休日：展望塔・アンダーパスは月曜日
（祝日の場合は翌日）、年末年始
■駐車場：176 台

▲貴重な土偶や土器などを観賞できる

◀鋳物師屋遺跡で出土した「人体文様付有孔鍔付土器」（重文）

南アルプス市 ふるさと文化伝承館

国の重要文化財に指定されている鋳物師屋遺跡の出土品をはじめ、土器や石器、民具などを展示。地形や水害、現在の果物王国となるまでのまちの軌跡を学ぶことができる。

南アルプス市野牛島 2727「湧暇李の里」内
☎055-282-7408　■開館時間：9:30 ～ 16:30
■休日：木曜日、年末年始　■駐車場：80 台

総合交流ターミナル（ハッピーパーク）

すもも、もも、さくらんぼ、ぶどうといったフルーツや野菜など南アルプス市の産地直送品、加工品、ワインなどを多数販売。レストランオーチャードも人気。

南アルプス市徳永 410　☎055-285-2088　☎055-280-5501（オーチャード）
■営業時間：6 ～ 8 月 9:00 ～ 18:00、9 ～ 5 月 9:00 ～ 17:00、
オーチャード 11:30 ～ 15:00（LO14:30）
17:30 ～ 22:00（LO21:30）
■休日：木曜日※不定休あり、要確認
■駐車場：50 台

▼地元特産品が目白押し

② 道の駅しらね 周辺

産地直売という幸せ 設備充実の温泉も

すももをはじめ、ももやさくらんぼなどフルーツの産地としても知られる南アルプス市。そうした特産フルーツや野菜をじっくりと選んで購入するなら道の駅しらねがおすすめ。また、地元出身画家・名取春仙の作品を中心に展示する南アルプス市立美術館に隣接するまちの駅くしがたも人気。合間には日帰り温泉も楽しめるレジャー施設、遊・湯ふれあい公園でゆったりとくつろぐこともできる。

▲シーズンにはふんだんに桃を販売

道の駅しらね
農産物直売所

南アルプス市はすももの生産量日本一を誇る土地。それ以外にも季節ごとのフルーツや旬の野菜が購入できる。加工品やワイン、お土産も。

南アルプス市在家塚 587-1
☎055-280-2100
■営業時間：9:00 ～ 17:00
■休日：年末年始　■駐車場：61 台

▲解放感あふれる入浴施設

遊・湯ふれあい公園

レジャーを楽しめる公園に、テニスコートやスポーツジムを併設した温泉施設が隣接している。天然温泉は日帰り入浴が可能で、サウナも楽しめる。

南アルプス市鏡中条 3782　☎055-282-7610
■営業時間 :9:30 ～ 21:30
■休日：金曜日、年末年始
■料金：大人 650 円、温泉・ジム利用 1000 円
■駐車場 :150 台

◀市立美術館に隣接

まちの駅くしがた

南アルプス特産品企業組合「ほたるみ館」の直売所。地元産の新鮮な野菜や、組合が特産物として研究・製品化するジャム・味噌・漬物などの加工品を購入できる。月に一度フリーマーケットも開催。

南アルプス市小笠原 1281　☎055-283-7766
■営業時間：9:30 ～ 17:00（10 ～ 5 月は 16:30 まで）
■休日：月曜日、祝日の翌日、年末年始　■駐車場：10 台

▲県の文化財に指定されている鐘楼

◀弘法大師が雨を降らせたという伝説も残る境内の竜神水

③古長禅寺 周辺

信玄ゆかりの名刹を巡り 日本の原風景を愛おしむ

甲斐源氏の加賀美遠光や武田信玄にゆかりのある古刹・法善寺は、かつて武田八幡宮の別当で、現在も多くの文化財を所蔵する。また、信玄が１５４１（天文10）年に父・信虎を駿河国（現静岡県）に追放したあとも甲斐国（現山梨県）に残り、甲斐国主となった信玄を生涯見守った大井夫人の墓所がある古長禅寺も近い。同寺では樹齢約７００年というビャクシンの木も見どころ。戦国の面影を感じつつ向かうのは、美しい景色が一望できる中野の棚田。こころのふるさとを堪能できる。

法善寺

およそ1200年の歴史を誇る古刹で、甲斐源氏・加賀美遠光や武田信玄ともゆかりが深い。経典や梵鐘など数々の文化財を所蔵しており、サルスベリの大木も有名。

南アルプス市加賀美 3509
☎055-282-1693
■拝観時間：自由
■駐車場：約 10 台

◀寺域のビャクシンは国の天然記念物

古長禅寺

1316（正和 5）年、夢窓疎石が再興。武田信玄の母・大井夫人の菩提寺となった。はじめ長禅寺といったが、信玄が甲府に新たな長禅寺を建立し、こちらは古長禅寺に。

南アルプス市鮎沢 505　☎055-282-1278
■拝観時間：9:00 ～ 17:00　■駐車場：30 台

▲信玄実母の墓所がある

中野の棚田

美しさが話題を呼んでいる棚田の風景。市で第 1 号の景観形成活動団体「ふるさとを錦で飾り隊 in 中野」が周囲を整備し、景観保全を行っている。

南アルプス市上市之瀬　☎055-284-4204（南アルプス市観光協会）

▼季節や時間により趣きも変わる

④安藤家住宅 周辺

江戸の旧家と暮らしぶり 郷土料理と体験も

江戸時代、一帯の名主を務めた豪農の家がほぼそのまま残されているのが、国の重要文化財・安藤家住宅。当時の暮らしぶりも想像させる立派な家屋だ。そこから南へと向かえば、中部横断道の増穂PAに直結し、地域の伝統を生かした食だけでなく、カフェのスイーツや買い物も楽しめる道の駅富士川。さらにそこから西へ入ると、農業体験や棚田のオーナー制度も整っている富士川町平林交流の里みさき耕舎。山梨ならではの暮らしの今昔を楽しむエリアだ。

▲江戸時代から一度も火災に遭っていないという

安藤家住宅

築300年余り。江戸時代中期の住居で、代々名主を務めた旧家の暮らしぶりを伝える国重要文化財の貴重な建築物。現在は公開され、各種イベントや展示なども行っている。

南アルプス市西南湖 4302　☎055-284-4448
■開館時間：9:00 ～ 16:30　■休日：火曜日、祝日の翌日（日曜・休日を除く）　■料金：大学生以上300 円、小・中・高生 100 円　■駐車場：40 台

◀富士川キッチンでは「ゆず味噌とんかつ定食」なども。ゆずもこの地域の特産

▲土産物など多彩な商品が並ぶ

道の駅富士川

小麦粉を使ったこの地域の特産みみの料理や、デザートを楽しめるレストラン・カフェほか、特産品を販売。中部横断道増穂PA（下り）に直結している。

南巨摩郡富士川町青柳町 1655-3
☎0556-48-8700　■営業時間：9:00 ～ 18:00
■休日：なし　■駐車場：60 台

◀食堂の手打ちそばやうどんも人気

富士川町平林交流の里「みさき耕舎」

さまざまな農業体験などにより、地域内外の人々が交流できる施設。手打ちそば・うどん・ほうとうなどを楽しめる食堂や、地元産の野菜、工芸品を販売するコーナーも。

南巨摩郡富士川町平林 2335-1　☎0556-22-0168
■営業時間：11:30 ～ 15:00
■休日：火曜日（休日の場合は翌日）、年末年始　■駐車場：8 台

●双葉・増穂の立ち寄りどころ

みみ

富士川町十谷集落に伝わる郷土料理。ミミストローネ（写真）などのアレンジメニューも道の駅富士川で味わえる。

南巨摩郡富士川町青柳町 1655-3　☎0556-48-8700（道の駅富士川）

若草瓦会館

江戸時代から続くという、旧若草町の瓦づくりの伝統を伝える施設。体験工房も。

南アルプス市加賀美 2605-5
☎055-283-5870
■開館時間：9:30 ～ 16:30（体験受付 10:00 ～ 15:00）
■休日：月・水・金曜日
■料金：体験メニューにより異なる
■駐車場：15 台

伊奈ヶ湖周辺

北と南に分かれる小さな湖。紅葉は見事で、周辺にはアウトドア施設や展望台も。

南アルプス市上市之瀬　☎055-284-4204（南アルプス市観光協会）
■駐車場：115 台

利根川公園

各種スポーツ施設を備えた公園で、昭和30年代まで県内を走っていた路面電車・通称ボロ電の車両展示も。

南巨摩郡富士川町小林 1778 番地内
☎0556-22-7214（富士川町都市整備課）
※電車車両の内部見学は事前に町都市整備課への連絡が必要
※スポーツ施設の問い合わせは
0556-22-7200（富士川町教育委員会）
■営業時間：スポーツ施設 8:30 ～ 22:00
■休日：月曜日、年末年始　■料金：各施設使用は有料　■駐車場：100 台

山梨県森林総合研究所　森の教室

森林・林業について学ぶことができ、展示室、工作室、図書コーナーなども。各種イベントも開催。

南巨摩郡富士川町最勝寺 2290-1　☎0556-22-8111
■開館時間：9:00 ～ 17:00　■休日：月曜日、祝日の翌日（7・8 月は無休）、年末年始　■駐車場：約 70 台

増穂・下部温泉早川コース

甲斐源氏のルーツと伝統文化に触れる

山梨県から静岡県へと流れる富士川に沿うようにしてひろがるこの地域は、武田信玄の祖であり、甲斐武田氏を生んだ甲斐源氏の発祥地といわれる場所を含んでいる。平安から鎌倉時代に現在の市川三郷町へ源氏の一族が移ってきたことから、その歴史がはじまったという。一方で、この地域には和紙や印章といった伝統産業も。甲斐源氏にかかわりの深い史跡や寺社を巡りながら、地域の文化も味わいたいコースだ。

モデルコース

START
増穂IC
↓ 11.8km（16分）
❶大福寺
↓ 4.9km（7分）
❷歌舞伎文化公園
↓ 14.9km（25分）
❸富士川町高下
↓ 15km（20分）
❹西嶋和紙の里
↓ 10.1km（12分）
GOAL
下部温泉早川IC

走行距離／56.7km
走行時間／1時間20分

富士川町高下はダイヤモンド富士の撮影スポットとして知られる

① 大福寺 周辺

弓の名手ゆかりの地で特産品に舌鼓

日本の中央の山梨、さらにその中央にある中央市は、かつて甲斐源氏・浅利与一の本拠地だったところ。与一は弓の名手として佐奈田与一・那須与一とともに「三与一」と呼ばれ、現在でもこのエリアには与一の名を冠した施設や弓道場がある。また、現在の中央市にはスイートコーンや完熟トマトなど食の名産品が盛りだくさん。道の駅や複合施設で楽しむことができるので、存分に味わいたい。

▲直売所甲子園初代グランドチャンピオン。シルクソフト（左）は定番の人気商品

道の駅とよとみ

中央市の特産スイートコーン「ゴールドラッシュ」や、ソフトクリーム「シルクソフト」など郷土の味が楽しめる道の駅。直売所やレストランに、フェアや体験も実施。

中央市浅利 1010-1　☎055-269-3421
■営業時間：9:00 ～ 18:00※季節により異なる
■休日：10～12月は第3月曜日、年末年始
■駐車場：約 55 台

▲桜の時期の境内も美しい

◀浅利与一の墓

大福寺

弓の名手として知られる甲斐源氏・浅利与一の菩提寺。与一は甲斐武田氏の祖・武田信義の弟で、壇ノ浦の戦いで戦功を挙げた。境内には平安・鎌倉期の仏像や、33 年ごとに御開帳される秘仏も。

中央市大鳥居 1621　☎055-269-2932
■拝観時間：9:00 ～ 17:00　■拝観料：志納　■駐車場：20 台

シルクの里公園

かつて養蚕が盛んだったその歴史にちなんで名づけられ、園内には蚕のまゆをイメージした他ではみられない遊具が。また、浅利与一の像や、養蚕の歴史などを知ることができる豊富郷土資料館もある。

中央市大鳥居 1619-1
☎055-269-2280(シルクふれんどりぃ)／ 055-269-3399(豊富郷土資料館)
シルクの里公園　■開園時間：4 ～ 9 月 9:00 ～ 18:00(10 ～ 3 月は 17:00 まで)
■休日：年末年始
豊富郷土資料館　■開館時間：9:00 ～ 17:00　■休日：月曜日(祝日の場合は翌日)、年末年始　■料金：大人(高校生以上)260 円、小・中学生 110 円　■駐車場：約 70 台

▼ふわふわドーム「まゆの丘」

▼養蚕についての展示も

② 歌舞伎文化公園 周辺

甲斐源氏、書道、歌舞伎 さまざまな魅力と文化を満喫

現在の市川三郷町は、かつて、常陸国（現茨城県）の武田郷から清和天皇につらなるという源氏の新羅三郎義光の子・義清、孫・清光親子らが移り、甲斐源氏といわれる一族の勢力が広がっていったとされる地であるとともに、手漉き和紙の伝統を受け継ぐ町、さらに歌舞伎の初代市川團十郎家発祥の地でもある。このエリアにはそれぞれ甲斐源氏の旧跡や、和紙の伝統から書道のまちづくりの拠点となっている大門碑林公園、そして歌舞伎文化振興の取り組みを担う歌舞伎文化公園がある。多彩な魅力と文化を味わいたい。

甲斐源氏旧跡

鎌倉時代、清和天皇につらなる新羅三郎義光の三男・義清がこのあたりに館を築いたことから甲斐源氏がはじまったとされており、後の甲斐武田氏、信玄を生んだ。

西八代郡市川三郷町市川大門 5154　☎055-272-6094（市川三郷町教育委員会生涯学習課）　■駐車場：50 台（大門碑林公園駐車場を利用）

◀義清の館跡とも伝えられる

中国風の建築物が並ぶ▶

大門碑林公園

甲斐源氏発祥の地であり、和紙づくりの伝統もあるこの地で書道のまちづくりの一環としてつくられた。碑林の見事さと中国風の建物は撮影スポットとしても人気。

西八代郡市川三郷町市川大門 4930　☎055(272)7100
■開園時間：9:30 ～ 17:00（最終入園 16:00）
■休日：月～木曜日、年末年始
■料金：大人・大学生 600 円、高校生 500 円、小・中学生 250 円※町民は無料
■駐車場：50 台

▲園内にある九成宮醴泉銘の復元碑

◀園内のふるさと会館は城を模した建物

歌舞伎文化公園

初代市川團十郎家発祥の地につくられた公園で、多目的ホール、文化資料館、考古資料室なども完備。園内を巡りながら歌舞伎文化に触れることができる。

西八代郡市川三郷町上野 3158 番地　☎055-272-5500
■開園時間：9:00 ～ 17:00（最終受付 16:00）
■休日：月～木曜日、年末年始
■料金：大人 500 円、小・中学生 250 円　■駐車場：198 台

歌舞伎文化にいろどられた園内▶

③ 富士川町 高下 周辺

富士の名所に桜の名所 富士川舟運の歴史も

市川三郷町から富士川町に入ったあたりに、桜の名所・大法師公園がある。シーズンには咲き誇る桜を見ようと、多くの人が訪れる。その大法師公園から西へ登っていくと、ダイヤモンド富士のビュースポットとして知られる富士川町高下がある。元日の初日の出を中心とした冬期には、ダイヤモンド富士を見ようと多くの人が集まるが、それ以外の時期にも絶景が望める場所。さらにこの地域を貫く富士川に、かつて甲斐国の物流を支えた富士川舟運があったことを伝える富士川町歴史文化館 塩の華が２０２３（令和５）年にオープン。自然と生活が常に交わってきた、この地域の時間も感じられるエリアだ。

町ゆかりの人物を紹介▶

富士川町歴史文化館 塩の華

2023（令和5）年2月に開館。富士川舟運の歴史や、望月百合子など町ゆかりの人物の生き方を形にし、歴史・文化を楽しく学び、伝え、郷土学習を支援、歴史資産を後世に伝えることを基本方針として新たに誕生した施設。

南巨摩郡富士川町鰍沢 4852 番地 1　☎0556-20-2111
■開館時間：9:00 ～ 17:00（最終入館 16:30）
■休日：月曜日（祝日の場合は翌日）　■駐車場：60 台

▲富士川舟運の歴史をわかりやすく展示

▲冬期のダイヤモンド富士は圧巻

ダイヤモンド富士

かつて高村光太郎も賛美したという富士川町高下からの富士山。特に元旦のダイヤモンド富士は人気だが、普段の眺望も抜群。メインのスポットには高村光太郎文学碑もある。

南巨摩郡富士川町高下
☎0556-22-7202（富士川町産業振興課）

▲高村光太郎「うつくしきものミつ」の文学碑

大法師《おおぼし》公園

桜の名所として知られる公園で、毎年春には「富士川町の大法師公園さくら祭り」が開かれる。季節には約 2000 本の桜が咲き誇り、石段や石畳の並木は撮影スポットとしても人気。

南巨摩郡富士川町鰍沢 2175
☎0556-22-7214（富士川町都市整備課）
■駐車場：22 台
（さくら祭り期間は有料。臨時駐車場あり）

▼「日本さくら名所100選」にも選ばれている

④ 西嶋和紙の里 周辺

和紙と印章の伝統に触れ甲斐源氏のルーツへの旅を締めくくる

身延町と市川三郷町をまたいでみると、身延町西嶋地区の特産品「西嶋和紙」と、市川三郷町六郷地区の印章に触れながら旅をすることができる。和紙は手漉き、印章は篆刻の体験も可能なので、時間が許せばぜひとも楽しみたい。ゴールに設定している下部温泉早川ＩＣの手前には、やはり甲斐源氏と関係の深い古刹・大聖寺もある。信玄のルーツ、甲斐源氏のルーツにかかわるスポットを最後まで巡りながら、地域の伝統文化も満喫したい。

西嶋和紙の里

身延町西嶋地区の特産品「西嶋和紙」。その和紙づくりの伝統と文化を伝える施設で、紙漉き体験、全国のさまざまな和紙の購入に加え、郷土料理なども楽しめる。2025年度にリニューアルオープン予定。

南巨摩郡身延町西嶋 345　☎0556-20-4556
※リニューアルオープンに向け改装中

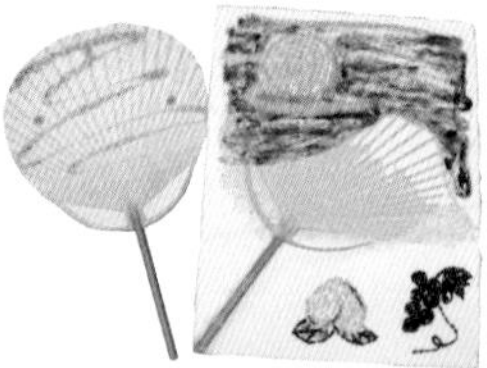

◀紙漉き体験と出来上がったうちわ

▲紙屋なかとみでは和紙製品の購入も。写真は「凸凹AKARI」

◀さまざまな作品も展示

印章資料館（市川三郷町地場産業会館）

日本一のハンコの里とされる市川三郷町の六郷地区にある。明治時代の道具や販売に関する資料、先人・現役作家の寄贈・寄託品なども展示されており、篆刻体験も（要予約）。

西八代郡市川三郷町岩間 2160 市川三郷町地場産業会館内
☎0556-32-2159（六郷印章業連合組合）
■開館時間：9:00 〜 16:00（土日祝は 10:00 〜 15:00）　■休日：土・日・祝日※4 〜 11 月は無休　■料金：見学は無料、篆刻体験は大人 2200 円、小・中学生 1650 円　■駐車場：10 台

▲本堂。本尊は重要文化財

▲歴史ある静かなたたずまい

大聖寺

新羅三郎義光が開基とされ、甲斐源氏とゆかりが深い。本尊の不動明王は義光の曾孫・加賀美遠光が高倉天皇から下賜されたという。また、春には柴燈護摩も。

南巨摩郡身延町八日市場 539　☎0556-42-2815
■料金：志納　■駐車場：約 20 台

●増穂・下部温泉早川の立ち寄りどころ

神明の花火

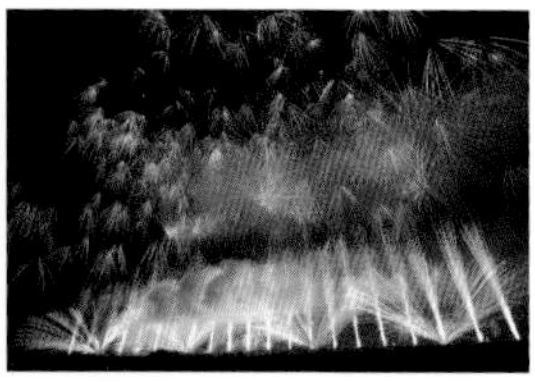

市川三郷町夏の風物詩。花火の町の名物で、毎年８月に笛吹川畔を舞台に繰り広げられる。

西八代郡市川三郷町市川大門
☎055-272-1101（市川三郷町）

市川教会

1897（明治30）年に完成した建物が現在も使用されている。

西八代郡市川三郷町市川大門 907
☎055-272-0786
■駐車場：なし
※見学は要確認。礼拝施設のためマナーを守って見学を

市川三郷町花火資料館

江戸時代の日本三代花火のひとつ、市川の花火。神明の花火歴代ポスターなども展示。

西八代郡市川三郷町高田 531-1
☎055-241-4157（市川三郷町産業振興課）
■開館時間・休日：神明の花火前に開館　■料金：無料　■駐車場：6 台

みはらしの丘　みたまの湯

食事処やボディケアルーム、農産物直売所もあり、露天風呂からの山並みは絶景。

西八代郡市川三郷町大塚 2608　☎055-272-2641
■営業時間：10:00 ～ 22:00　■休日：なし（保守点検のため年 5 日間休業あり）　■料金：大人（中学生以上）780 円、小学生 500 円※小学生未満無料　■駐車場：145 台

市川手漉き和紙　夢工房

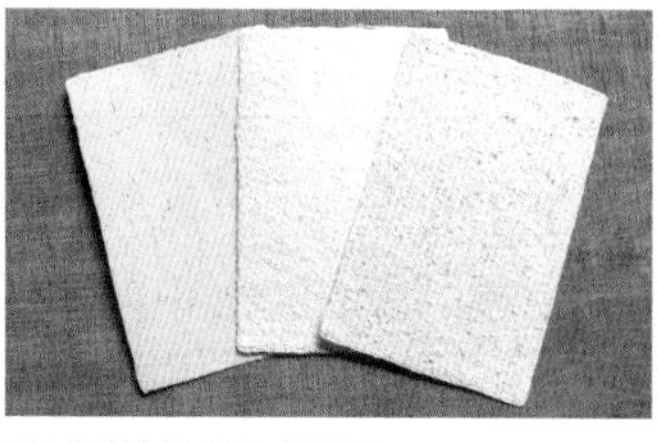

武田・徳川の時代を通じ「御用紙」を漉いていたこの地ならではの伝統的な紙漉き体験などができる。

西八代郡市川三郷町市川大門 1725　☎055-272-5137
■営業時間：9:00～17:00（最終受付 16:00）
■休日：土曜日・日曜日・祝日　■料金：体験内容によって異なる
■駐車場：5 台

▲日蓮宗総本山久遠寺（身延町）の祖師堂

下部温泉早川・富沢コース

隠し湯・身延山…山梨の秘境を味わう

静岡県に隣接するこの地域は、かつて甲斐武田氏から分かれ、戦国時代は同家を支えた穴山氏が治め、また甲斐源氏・加賀美光行からはじまるとされる南部氏ゆかりの地でもある。金山や温泉など、平安~戦国時代の面影はもちろん、豊かな自然、おいしい水に恵まれたこのあたりの特産品や農産物も味わいどころ。ゆばに南部茶、みのぶまんじゅう、たけのこなどの名物が盛りだくさん。日蓮宗総本山の久遠寺やその周辺の寺院など他の見どころも尽きない。

モデルコース

START
下部温泉早川 IC
↓ 3.3km（6 分）
❶湯之奥金山博物館
↓ 10.5km（17 分）
❷身延山久遠寺
↓ 4.1km（8 分）
❸みのぶ　ゆばの里
↓ 17.4km（21 分）
❹最恩寺
↓ 2.9km（5 分）
GOAL
富沢 IC

走行距離／ 38.2km
走行時間／ 57 分

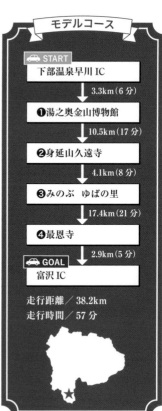

① 湯之奥金山博物館周辺

金山の歴史と由緒ある温泉郷 信玄を支えた宝を訪ねる

隠し湯、隠し金山とは武田信玄の領国経営を支えたものを指す言い伝えだが、隠していたかどうかとは別に、このあたりには実際に金山があり、古くからの温泉地が続いている。金山遺跡は山を登らなければ見られないが、湯之奥金山博物館では当時の鉱山作業について学ぶことができる。砂金採り体験も人気。その近くには、平安時代に起源をもつ下部温泉。信玄だけでなく多くの文人墨客も訪れた。一方で巨大な公園も整備されるなど、長時間遊びたいエリア。

▲人気の砂金採り体験

◀鉱山作業のようすを再現した展示

▲貴重な甲州金も展示

甲斐黄金村・湯之奥金山博物館

武田信玄の領国経営にも大きく影響した戦国時代の鉱山作業について学ぶことができる博物館。砂金採り体験も楽しめる。

南巨摩郡身延町上之平 1787　☎0556-36-0015
■開館時間：9:00 ～ 17:00（最終入館 16:30）　■休日：水曜日（祝日の場合は翌平日）、年末年始
■料金：大人 500 円、中学生 400 円、小学生 300 円、未就学児無料（砂金採り体験は大人 700 円、中学生 600 円、小学生・未就学児 500 円）　■駐車場：30 台

下部温泉

およそ 1200 年余りの歴史があるといい、武田信玄やその家臣たちも傷を癒したとされる。隠し湯という言い伝えも。多くの温泉施設、宿泊施設がある。

南巨摩郡身延町
☎0556-20-3001（下部観光協会）

◀日蓮の時代にはすでに湯治客が訪れていたという歴史ある温泉郷（写真はしもべの湯）

山梨県富士川クラフトパーク

庭園、広場、売店、レストランから道の駅や美術館までを含む広大な公園。散策路やアスレチック、バーベキュー施設などアウトドアも。

南巨摩郡身延町下山 1597　☎0556-62-5545
■営業時間、休日、料金：施設により異なる　※公園（野外）は終日開放、年中無休、入園無料　■駐車場：556 台

▼シーズンのバラ園は圧巻

② 身延山久遠寺 周辺

身延山久遠寺

日蓮宗総本山。鎌倉時代に日蓮が創建、以来長きにわたって身延町のシンボル的な存在ともなっている。寺域全体にわたりさまざまな見どころがある。

南巨摩郡身延町身延 3567　☎0556-62-1011
■拝観時間：窓口受付 5:00 ～ 16:55（10 ～ 3 月は 5:30 ～）　■駐車場：130 台

▲三門から本堂までは287段の菩提梯（石段）が続く

総本山の威容と癒やし 山頂・門前も楽しむ

鎌倉時代、日蓮宗の開祖・日蓮が身延山に入ったのは１２７４（文永11）年という。そこから、総本山久遠寺の歴史がはじまったとされている。７５０年の歴史の中で、戦国時代の甲斐国国主・武田信虎やその子・信玄は久遠寺と良好な関係を築いた。令和となった現在も、門前町は古き良きたたずまいで拝観者をもてなし、久遠寺の各坊やしだれ桜をはじめとする四季折々の風景・風物は多くの人の心を癒やしている。また、身延山山頂までのロープウェイや、麓の門前町も旅の楽しみを増やしてくれる。

身延山門前町

身延山久遠寺へと続く門前町は、古き良きたたずまいを残す商店街。名物のゆばをはじめ、みのぶまんじゅうやワイン、数珠などがそこかしこに。バリアフリーの取り組みも盛ん。

南巨摩郡身延町身延 3567
☎0556-62-0502
（身延山観光協会）
■駐車場：約 30 台

◀正月のようす

◀ロープウェイ山頂名物「串（苦死）切りだんご」。串（苦死）を切って幸福を願う

山頂売店 身延屋（身延山ロープウェイ）

片道約７分間、山麓の久遠寺駅から山頂・奥之院駅までの 1665m をロープウェイで登ると、そこにあるのが身延屋。みのぶまんじゅうなど身延町の特産品から、ワインなどの山梨土産、オリジナル商品まで扱い、ロープウェイ名物「串（苦死）切りだんご」も楽しめる。展望食堂「身延庵」（営業時間要確認）で食事も。

南巨摩郡身延町身延　☎ 0556-62-3226　■営業時間：9:00 ～ 16:00※変更の場合あり。HP 等で要確認　■休日：なし

▲仏具などもそろっている

③ みのぶ ゆばの里 周辺

土地ならではの特産品 豊かな恵みと歴史を堪能

ゆばは肉食を禁じられている僧の貴重なタンパク源だったそうだ。身延のゆばは日蓮のために弟子が作ったものが伝えられたといわれ、およそ700年の歴史があるという。そんなゆばを存分に楽しめるのがみのぶ ゆばの里。その南には、南部町の特産品などをふんだんにそろえる道の駅なんぶ。この地を戦国時代まで治めていた穴山氏ゆかりの寺院も巡り、土地の食と歴史を満喫したい。

▲食事処「清流」ではゆばづくしのメニューも（写真は「清流」）

◀オリジナル商品も数多く揃える

みのぶ　ゆばの里

国産大豆 100% のゆばを使ったさまざまな商品の購入や、ゆばづくり体験ができる施設。ここでしか買えない豆乳ソフトクリームやおからおやきなどを販売するほか、食事処も。

南巨摩郡身延町相又 425-1　☎0556-62-6161
■営業時間：ゆばの館 9:30 ～ 17:30、食事処「清流」11:00 ～ 17:00
■休日：火曜日（祝日の場合は翌日）、年末年始　■駐車場：50 台

道の駅なんぶ

静岡と県境を接する南部町の道の駅。特産の南部茶や関連商品の販売はもちろん、食事処やドッグランも完備。南部氏についての展示室もある。

南巨摩郡南部町中野 3034-1　☎0556-64-8552
■営業時間：9:00 ～ 17:00　■休日：なし　■駐車場：108 台

▲南部茶を使ったオリジナル商品も

円蔵院

武田氏から分かれた一族で、信虎・信玄・勝頼の代にも武田家を支えた穴山氏は、現在の南部町を含む一帯を治めていた。ここは穴山信友の菩提寺。

南巨摩郡南部町南部 7576　☎0556-64-2519
■拝観時間：自由　■駐車場：なし

武田・穴山滅亡後は徳川家にも庇護された▶

④ 最恩寺 周辺

穴山氏ゆかりの名刹 ゆったりとした時間を堪能

現在の山梨県南部町はかつて河内領と呼ばれ、甲斐武田氏から分かれた穴山氏が治め、武田家を支えていた。穴山氏からはいわゆる武田二十四将に数えられる信君など多くの名将が生まれ、また一族は武田勝頼の自刃により甲斐武田家が滅亡する際も同家を存続させようとした。信君の菩提寺・最恩寺などは見どころ。また、立ち寄りどころの浄光寺など、穴山氏だけでなく、やはりこの地を治めた甲斐源氏の一族・南部氏の史跡も数多い。鎌倉・戦国の面影をたどりたいエリアだ。

◀森の中をイメージした空間

さまざまな施設も完備▶

森のなかの温泉 なんぶの湯

「1日遊べるくつろぎ空間」をコンセプトに、温泉・食事・読書を楽しむ複合施設。温泉は6種類、地元食材を使った定食なども充実。漫画と書籍も8000冊以上を備えている。

南巨摩郡南部町内船 8106-1　☎0556-64-2434
■営業時間：10:00 ～ 21:00（食事は LO20:00）
■休日：なし　■料金：（町内の方）中学生以上 690 円、3 歳以上 350 円、（町外の方）中学生以上 980 円、3 歳以上 500 円
■駐車場：150 台

最恩寺

武田信玄・勝頼二代に仕え、武田二十四将にも数えられる穴山信君の長男・勝千代が眠る古刹。勝千代は徳川家の庇護を受け信君の跡を継いだが、わずか 16 歳で病没したという。

南巨摩郡南部町福士 23502　☎0556-66-2528
■拝観時間：9:00 ～ 14:30　■駐車場：なし

重要文化財の仏殿▶

▼特産のたけのこを使用した富沢バーガーや鮎の塩焼き茶漬けなど、当地ならではの食事も

◀国道52号沿いにあり、富沢ICにも近い

道の駅とみざわ

13m 以上という巨大なたけのこのモニュメントが目印。たけのこはもちろんお茶や直売野菜、惣菜、弁当、ワインに竹細工など商品は多彩。食事処も。

南巨摩郡南部町福士 28507-1　☎0556-66-2260
■営業時間：8:30 ～ 18:00（土日祝は 8:00 ～）
■休日：年始　■駐車場：45 台

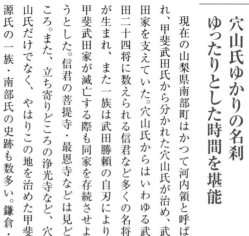

●下部温泉早川・富沢の立ち寄りどころ

雨畑硯の里　硯匠庵

良質な硯として歴史を刻む雨畑硯。その伝統を守る名硯をはじめ、雨畑ブラックシリカ商品を展示・販売。硯づくり体験も。

南巨摩郡早川町雨畑 709-1　☎0556-45-2210
■開館時間：9:00 ～ 17:00　■休日：火曜日、年末年始
■料金：大人 200 円、中・高・大学生 100 円　■駐車場：5 台

しょうにん通り

JR身延線身延駅前から広がる商店街。和風のデザインで統一した街並みの通称は日蓮聖人から。

南巨摩郡身延町角打　■駐車場：約 60 台（第 1 ～ 4 駐車場）

南部の火祭り

8月15日に、盆の送り火、川供養、さらには虫送りの意を込めるとされる奇祭。壮大な松明と厳かな灯籠流しなどが行われる。

南巨摩郡南部町・富士川河川敷南部橋上下流
☎0556-66-2111（南部町火祭り実行委員会事務局）

浄光寺

鎌倉時代の創建か。甲斐源氏・加賀美光行からこの地で発祥した南部氏の墓石群がある。

南巨摩郡南部町南部 8843　☎0556-64-3115（南部町教育委員会生涯学習課）　■拝観時間：自由　■駐車場：約 30 台

南部茶

県内随一の茶どころで育てられる南部茶を使ったプレミアムティー「甲斐のきらめき」はふるさと納税の返礼にも。

☎055-223-9600（JA 山梨みらい農業協同組合）

▲日本平夢テラスの展望回廊から眺める富士山

久能山・薩埵峠コース

富士と駿河湾を望む絶景の旅路へ

静岡県中部に位置する静岡市駿河区・清水区は、富士山を望む美しい景観や歴史を楽しめるエリア。国宝の久能山東照宮をはじめ、世界文化遺産の構成資産の一つでもある三保松原《みほのまつばら》、国の名勝・日本平、東海道五十三次で有名な薩埵峠《さった》など、至福の絶景スポットが多数点在している。富士見の名所として文学や芸術の舞台となった場所も多く、それぞれの歴史に触れながら、人々を魅了してきた美景に酔いしれよう。

モデルコース

START 東名静岡 IC

↓ 8.8km（18分）

❶久能山東照宮

↓ 7.9km（15分）

❷三保松原

↓ 16.8km（32分）

❸薩埵峠

↓ 9.0km（15分）

❹由比本陣公園

↓ 9.4km（17分）

GOAL 東名富士川 SA

走行距離／51.9km

走行時間／1時間37分

久能山東照宮

1616(元和2)年に家康公の遺言により亡骸を久能山に埋葬し、翌年2代将軍秀忠公の命により創建された。博物館には、2000点を超える歴代将軍の武器や武具、家康公のお手回り品などが収蔵されている。

静岡市駿河区根古屋 390　☎054-237-2438
■拝観時間：9:00 ～ 17:00　■休日：なし
■料金：大人 500 円、小・中学生 200 円　■駐車場：200 台(日本平)

▲国宝に指定されている総漆塗りの社殿。「逆さ葵」と呼ばれる葵紋を見つけてみよう

本殿後方にある神廟。家康公▶が眠ると伝えられている

❶ 久能山東照宮 周辺

葵の御紋のゴンドラで行く 家康公が眠る最初の東照宮

徳川家康公を東照大権現として祀る屈指のパワースポット・久能山東照宮。鮮やかな朱色がまぶしい楼門を抜けると見えてくるのは、極彩色の漆塗りの豪華な社殿だ。注目すべきはその彫刻。命の尊さを教える「司馬温公の甕《かめ》割り」の彫刻など、一つ一つに家康の教えが込められているという。久能山の麓から１１５９段の石段を上っても行けるが、日本平山頂からロープウェイで行くと便利。乗り場から歩いてすぐの日本平夢テラスでは、展望回廊から３６０度パノラマの絶景を堪能できる。

▲併設の博物館には、徳川歴代将軍の甲冑すべてが所蔵されている

重要文化財指定のス▶ペイン国王から贈られた洋時計

日本平ロープウェイ

富士山の景勝地である日本平と久能山東照宮を 5 分間で結ぶロープウェイ。雄大な景色を見ながら全長1065m の空中散歩を楽しめる。

静岡市清水区草薙 597-8　☎054-334-2026
■営業時間：日本平駅発 9:10 ～ 16:45、久能山駅発 9:30 ～ 17:00 ※10 ～ 15 分間隔で運行
■休日：なし※設備更新工事に伴う運休期間あり
■料金：大人(中学生以上)往復 1250 円、子ども(4 歳以上)往復 630 円　■駐車場：90 台

▼葵の御紋付きのゴンドラは、青色の「殿様」、赤色の「姫様」の2基

▲静岡県産の木材をふんだんに使用し、周囲の自然景観とも調和した美しいデザイン

◀静岡本山の茶で作られたやさしい香りの本山抹茶と和菓子1000円

日本平夢テラス

日本平山頂にある展望施設。富士山や駿河湾、三保松原など、360 度のパノラマ展望が楽しめるほか、日本平の歴史や文化が分かる展示エリアやカフェなどがある。

静岡市清水区草薙 600-1　☎054-340-1172
■営業時間：9:00 ～ 17:00
(土曜日は 21:00 まで)
■休日：第 2 火曜日(祝日の場合は翌平日)、年末(12 月 26 ～ 31 日)
■駐車場：140 台

清水魚市場　河岸の市

仲卸業者が直接販売する日本初の施設。鮮度抜群の魚介類や海産物が驚きの安さで手に入る「いちば館」と、海鮮丼や寿司などの食事処が集まる「まぐろ館」がある。

静岡市清水区島崎町 149　☎054-355-3575
■営業時間：いちば館 9:30 ～ 17:30（水曜他休み）、
　まぐろ館　店舗により異なる
■駐車場：あり

◀まぐろ館1階にある「うおかん」の「新・マグロ定食」

▲活気あふれる市場の雰囲気が楽しめる

▲店主が目の前で握るスタイルや回転寿司など、7つの個性あふれる寿司店が軒を連ねるすし横丁

▲「ドリームスカイ」と呼ばれる大きな観覧車が目印

エスパルスドリームプラザ

清水港にある複合商業施設で、「ドリプラ」の愛称で親しまれている。ショッピングや映画、グルメが楽しめ、特に寿司店、レストランが充実している。

静岡市清水区入船町 13-15　☎054-354-3360
■営業時間：ショップ 10:00 ～ 20:00、レストラン 11:00 ～ 21:00
■休日：なし　■駐車場：60 台

② 三保松原周辺

浮世絵や和歌にも登場する万葉の昔から愛されてきた名勝

松林の緑と打ち寄せる白波、海の青さ、そして富士山が織りなす風景が、歌川広重の浮世絵など数々の芸術作品の舞台となった三保松原。「羽衣伝説」で有名な羽衣の松から御穂《みほ》神社の間には「神の道」と呼ばれる松並木が立ち並び、その神聖な空気に心が洗われる。羽衣の松のふもとにあるガイダンス施設「みほしるべ」で、事前に基本情報や周辺マップを入手して効率的に散策しよう。また、清水といえばやはり新鮮な海鮮を味わいたいところ。周辺には海の幸を堪能できる店もあるので要チェックだ。

羽衣伝説をはじめ、三保松原の文化や芸術について6つのテーマに沿って展示▶

静岡市三保松原文化創造センター「みほしるべ」

三保松原の玄関口の施設として、三保松原の価値や魅力、松原保全の大切さをわかりやすくガイダンス。映像シアターで三保松原から望む四季折々の富士山の風景を楽しめる。

静岡市清水区三保 1338-45　☎054-340-2100
■営業時間：9:00 ～ 16:30　■休日：なし
■駐車場：173 台

三保松原

推定5kmの海岸に約3万本の松が生い茂る。2013（平成25）年に、世界文化遺産「富士山－信仰の対象と芸術の源泉」の構成資産の一つとして登録された。

静岡市清水区三保　■駐車場：173 台

③ 薩埵峠 周辺

東海道三大難所の一つから街道一の絶景を望む

由比宿と興津宿の中間にある薩埵峠は、歌川広重の浮世絵にも描かれた東海道の難所。壮大な富士山とどこまでも青い駿河湾は今も昔も変わりなく、展望台からは広重の描いた絶景をこの目で見ることができる。徳川家ゆかりの寺院も多く、昔ながらの趣がある興津宿は、歩くだけで心が落ち着く。明治以降は元勲たちが別荘を建てたり、政財界の要人が脇本陣の水口屋に多く訪れたりと、避寒地として人気だったのも頷ける。西園寺公望の別宅を復元した興津坐漁荘もあり、当時の空気を肌で感じられるだろう。

◀眼下には、JR東海道線、東名高速道路、国道1号が通り、現在も交通の要衝となっている

薩埵峠展望台

駿河湾に突き出した山の裾にある薩埵峠の展望台。富士山を背景にした写真撮影の名所として知られており、夜間には道路を通行する車両のライトによる夜景が観光客に人気。

静岡市清水区
☎054-221-1310（静岡市観光交流課）
■駐車場：8台

興津坐漁荘記念館

明治から昭和にかけて活躍した政治家、元老・西園寺公望の老後の静養のために建てられた別宅。現在の建物は復元されたもの。

静岡市清水区興津清見寺町115　☎054-369-2221
■営業時間：10:00～17:00、土日祝 9:30～17:30
■休日：月曜日（祝日の場合は翌平日）、年末年始
■駐車場：5台

◀木造2階建ての京風数寄屋造りの建物は、図面を基に忠実に再現されている

清見寺

奈良時代に創建され、1300年の歴史を刻む東海道屈指の名刹。家康公が接ぎ木したといわれる臥龍梅のほか、梵鐘や山門など多くの文化財があり、かつては夏目漱石や与謝野晶子など多くの文人・詩人が訪れた。

静岡市清水区興津清見寺町418-1
☎054-369-0028
■拝観時間：8:30～16:00　■休日：なし
■料金：大人300円、中高生200円、小学生100円　■駐車場：50台

▲国の名勝に指定されている庭園

▲江戸時代中期に彫像された五百羅漢。島崎藤村の作品にも登場している

◀西園寺公望をはじめ、岩倉具視、伊藤博文といった明治の名だたる政治家の書が掲げられている

水口屋ギャラリー

かつて宮家や政治家、文化人の別荘旅館として400年使われた「水口屋」の一角をギャラリーとして開放。水口屋と興津に関する資料などを紹介している。

静岡市清水区興津本町36　☎054-369-6101
■営業時間：10:00～16:00　■休日：月曜日、年末年始　■駐車場：3台

▲静岡市東海道広重美術館では、浮世絵の多色版画の摺り体験（330円）ができる

▲浮世絵の基礎知識を紹介するコーナーもある

▲歴史スポットらしい趣あるレトロな門が印象的。門を抜けると芝生の広場が広がる

由比本陣公園

江戸時代に大名が宿泊した本陣跡地で、現在は公園として開放されている。併設の静岡市東海道広重美術館では、歌川広重の描いた作品を中心に収蔵する約1400点の浮世絵から月替わりで展示。

静岡市清水区由比 297-1　☎054-375-5166
■営業時間：9:00 ～ 17:00（美術館と御幸亭は最終入館 16:30）
■休日：月曜日（祝日の場合は翌平日）、年末年始　■駐車場：21 台

④ 由比本陣公園 周辺

江戸の面影残る宿場町で歴史と文化に触れる

江戸時代に交通の要所として栄えていた由比宿。その中心となったのが、大名が宿泊する「本陣」の跡地であり、歴史を感じさせる門構えが印象的な由比本陣公園だ。敷地内には静岡市東海道広重美術館があり、浮世絵の版画摺り体験もできるので、浮世絵の魅力にふれ、江戸文化の粋を感じてみては。公園の目の前にあるのは、江戸時代前期の兵学者・由比正雪の生家と伝えられている、創業４００年を超える染物屋・正雪紺屋。藍染めの甕や道具が昔のまま残されており、江戸時代の紺屋を偲ぶことができる。

◀土間に埋められた藍甕などがあり、昔の仕事場の様子がわかる

正雪紺屋

由比正雪は駿河由比の紺屋弥右衛門の子として生まれ、楠木流の兵書を学んだ江戸初期の兵学者。染物道具など貴重な品々が見られる店内では、手染めの小物や手拭いなどを販売している。

☎静岡市清水区由比 68　☎054-375-2375
■営業時間：9:00 ～ 17:00
（個人宅につき見学できない場合あり）
■休日：不定休　■駐車場：なし

▲木造2階建て、切妻造平入り瓦葺の外観。風情ある格子戸が美しい

◀江戸後期から昭和前期にかけて志田家で使用された、衣食住を始めとする生活関連品などが展示されている

志田邸

安政の大地震の翌年に建築された、蒲原町最古の町屋の一つ。かつては、醤油や味噌を醸造する「やま六」という屋号の商家であり、蔀戸《しとみど》や箱階段など江戸時代の商家の面影を随所に見ることができる。

☎静岡市清水区蒲原 3-19-28　☎054-385-7557
■営業時間：10:00 ～ 15:00　■休日：月～金曜日（原則）、年末年始、お盆期間中
■料金：大人 300 円、小・中学生 200 円　■駐車場：11 台

●久能山・薩埵峠の立ち寄りどころ

日本平ホテル テラスラウンジ

富士山と駿河湾を望みながら、ホテルメイドのスイーツが味わえる。

静岡市清水区馬走 1500-2　☎054-335-1157
■営業時間：10:00 ～ 19:00　■休日：なし　■駐車場：160 台

伏見たいやき店

甘さ控えめのあんこが絶妙。ミニたい焼き付きのソフトクリームも人気。

静岡市清水区興津中町 1903
☎054-369-2020
■営業時間：12:00 ～ 17:00
■休日：不定休、8・9 月は休み
■駐車場：3 台

追分羊かん本店

1695（元禄8）年創業。こしあんを竹皮で包んで蒸したもっちり食感が魅力。

静岡市清水区追分 2-13-21
☎054-366-3257
■営業時間：9:30 ～ 15:30
■休日：日・月曜日　■駐車場：9 台

浜のかきあげや

サクラエビのかき揚げや生サクラエビを存分に味わえる丼が勢ぞろい。

静岡市清水区由比今宿 1127
☎054-376-0001
■営業時間：10:00 ～ 14:00
■休日：月～木曜日　■駐車場：100 台

クア・アンド・ホテル 駿河健康ランド

海底から湧き出る「化石海水」の天然温泉。20種類の湯とサウナがある。

静岡市清水区興津東町 1234
☎054-369-6111
■営業時間：24 時間営業　■休日：なし
■料金：大人(中学生以上)1980 円、子ども(3 歳以上)990 円　■駐車場：537 台

▲駿府城公園のお堀を周遊する「葵舟」

静岡・焼津コース

大御所の城と街道の名所を訪ねる

かつて駿河国府が置かれた駿府は、徳川家康公が元服や婚姻を行った10代、五ヶ国大名となった壮年期、そして大御所として采配を振るった晩年と、人生の3分の1を過ごした地。周辺には、駿府城や静岡浅間神社といった歴史の舞台となった地が点在し、東海道の宿場町の文化も色濃く残っている。家康公が築いた江戸の時代に思いを馳せながら、さまざまな歴史が眠る街道を散策してみよう。

モデルコース

START
東名静岡 IC
↓ 4.7km（14分）
❶駿府城公園
↓ 6.9km（16分）
❷駿府の工房 匠宿
↓ 6.8km（9分）
❸大旅籠柏屋
↓ 8.8km（16分）
❹親水広場ふぃしゅーな
↓ 3.6km（10分）
GOAL
東名焼津 IC

走行距離／30.8km
走行時間／1時間5分

▲1989（平成元）年に復元された巽櫓。全国でも例の少ないL字型の平面をもつ

駿府城公園

徳川家康が1585（天正13）年に築城し、大御所として晩年を過ごした城。園内には4つの庭で構成された「紅葉山庭園」や、県指定天然記念物「家康公手植のミカン」などがある。

静岡市葵区駿府城公園1-1　☎054-251-0016
■営業時間：9:00～16:30（最終入館16:00）■休日：月曜日（祝日の場合は営業）、年末年始　■料金：共通券大人360円、小・中学生120円
■駐車場：市民文化会館前駐車場（有料）を利用

晩年の家康公の姿を▶
表した銅像

❶ 駿府城 周辺

家康公隠居の城を舟に揺られてぐるりと散策

駿府城は家康公が大御所として晩年を過ごした地。現在は公園として整備されており、東御門と巽《たつみ》櫓、坤《ひつじさる》櫓が復元され当時の面影を偲ばせている。遊覧船「葵舟」に乗って中堀を周遊すれば、歴史風情漂う駿府城の石垣や櫓と、現代静岡の街並みが融合する景観を楽しめる。巽櫓の向かいにある静岡市歴史博物館は、家康公や駿府の歴史を学べる新名所。メインの展示物である遺構は、博物館建築時の発掘調査で見つかったものを保存しながら露出展示しているというから驚きだ。間近で見てその迫力を体感しよう。

おでんやおばちゃん

青葉横丁にあった老舗居酒屋おばちゃんが静岡市協力の元、気軽に静岡おでんを味わえる店としてオープン。店内では駄菓子や昔のおもちゃも販売されている。

☎080-5824-7400
■営業時間：10:00～17:00（季節により変動あり）
■休日：なし

▲お店は公園内の児童広場横にある

▲黒はんぺん、なると巻、牛すじなど種類も豊富

◀金沢21世紀美術館を手掛けた建築家ユニット「SANAA」が建物を設計

◀戦国時代末期の道と石垣の遺構

静岡市歴史博物館

静岡の歴史の価値と魅力を発信する博物館。発掘されたそのままの状態を間近で見ることができる長さ約30mの遺構の展示は必見。家康と今川氏の歴史に触れるエリアなども。

静岡市葵区追手町4-16　☎054-204-1005
■営業時間：9:00～18:00（展示室入場は閉館30分前まで）
■休日：月曜日（祝日の場合は翌平日）、年末年始　■料金：基本展示 大人600円、高校・大学生・静岡市在住70歳以上420円、小・中学生150円

静岡浅間神社

神部神社・浅間（あさま）神社・大歳御祖神社の三社を総称して、静岡浅間神社（通称・おせんげんさま）と呼ぶ。古くから駿河国総社として歴代幕府の崇敬を受けて信仰された。

静岡市葵区宮ヶ崎町102-1　☎054-245-1820
■参拝時間：7:00～18:00（授与所8:00～）■駐車場：90台

▼総漆塗の楼門。「水呑の龍」「虎の子渡し」などの彫物が施されている

駿府の工房 匠宿

国内最大級の伝統工芸体験施設。4 つの工房があり、職人の熟練の技を間近で楽しみながら、自身も工芸体験ができる。カフェもあるのでランチやティータイムの立ち寄りスポットとしても注目。

静岡市駿河区丸子 3240-1　☎054-256-1521　■営業時間：10:00 ～ 19:00
■休日：月曜日（祝日の場合は翌平日）　■駐車場：150 台

▲エントランスでは「駿河竹千筋細工」の技法を用いて作られた、照明作家・谷俊幸氏の作品がお出迎え

▲暮らしの道具や工藝品を扱うギャラリー「TetoTeto」

▲晴れた日は中庭から遠くの山並みを一望できる

② 駿府の工房 匠宿 周辺

徳川時代からの伝統工芸に触れ 名物とろろ汁を食す

丸子宿は、東海道の中で最も小さな宿場の一つ。1596（慶長元）年創業の老舗・丁子屋で味わえるのは、歌川広重の浮世絵、松尾芭蕉の俳句などでも知られる名物とろろ汁だ。当時の旅人に思いを巡らせながら、約400年前から変わらない素朴で自然な味わいのとろろ汁を堪能しよう。丁子屋からほど近い駿府の工房 匠宿は、静岡市に受け継がれる伝統工芸を、見て、触れて、体験できる施設。旅の思い出に、駿河竹千筋細工や漆工、染めもの、陶芸などの作品作りに挑戦してみても楽しい。

体験もいろいろ

◀ひねったり絞ったりして、ハンカチやストールを自分の好きな柄に染められる藍染め体験

陶芸体験では、▶電動ろくろで茶碗やコップ、皿などの作品づくりができる

とろろ汁の丁子屋

名物のとろろ汁を中心に、自然薯づくしの料理を味わえる食事処。店内には歴史資料館があり、江戸時代の旅道具や松尾芭蕉の句碑、十返舎一九・歌川広重にまつわる版画などが展示されている。

静岡市駿河区丸子 7-10-10　☎054-258-1066
■営業時間：11:00 ～ 14:00（土日祝 11:00 ～ 15:00、16:30 ～ 19:00）
■休日：木曜日、月末の水曜日　■駐車場：80 台

▼とろろ汁と麦めしに味噌汁、香物、薬味がついた「丸子」1630円

▲丸子橋のたもとにある築250余年（1770年頃）の茅葺き屋根が目印

◀木々の奥に佇む本堂

吐月峰柴屋寺

今川氏に仕えた連歌師・宗長ゆかりの寺。丸子富士や天柱山、首陽山を巧みに取り入れた借景式の庭園は、国の名勝・史跡に指定されている。

静岡市駿河区丸子 3316　☎054-259-3686
■拝観時間：10:00 ～ 16:00　■休日：なし
■料金：大人 300 円、小・中学生 200 円　■駐車場：9 台

▲緑が深い自然の中にひっそり佇む茶室「瓢月亭」

道の駅　玉露の里

本格的な玉露や抹茶が気軽に味わえる茶室「瓢月亭」や、地元食材を使った料理が味わえる味処「茶の華亭」、お茶や地酒などの地場産品が購入できる物産館がある。

藤枝市岡部町新舟 1214-3　☎054-668-0019
■営業時間：9:00 ～ 17:00　■休日：年末年始　■駐車場：91 台

▲茶室内は青い毛氈がきれい。庭園の池を見ながらゆっくり過ごせる

▲「玉露またはお抹茶とお菓子」510円

③ 大旅籠柏屋 周辺

江戸時代にタイムスリップ！弥次さん喜多さんに出会える宿

岡部宿を代表する旅籠で、国登録有形文化財の大旅籠柏屋。帳場や客間などが当時の雰囲気のままに再現され、人々の暮らしぶりが手に取るように見えてくる。中庭にあるカフェは、江戸時代に建てられた土蔵を改装。上を見上げれば迫力のある梁が現れる。趣ある空間で、地元の素材を生かした創作料理を味わおう。また、岡部町は玉露の三大産地としても知られ、道の駅玉露の里にある茶室「瓢月亭」では、まろやかな旨みと特有の香りの最高級の玉露を堪能できる。ドライブの休憩がてら立ち寄りたい。

蔵 cafe&dining coconomi

柏屋の中庭にある、江戸時代の土蔵と現代のデザインを融合させたカフェダイニング。メインが選べるプレートランチや、季節のフルーツを使ったフルーツサンドが人気。

☎054-667-5220　■営業時間：ランチ 11:30 ～ 14:00、カフェ 14:00 ～ 16:30
■休日：月曜日（祝日の場合は翌日）、第 2・4 火曜日、年末年始

◀11 種の冷温菜に 7 種から選べるメインが付いた「coconomi プレートランチ」

「みせの間」と呼ばれる▶座敷には、東海道中膝栗毛でおなじみの弥次さん喜多さんもいる

大旅籠柏屋

主屋は 2 度の焼失を経て 1836（天保 7）年に再建。当時の旅籠の様子を見ることができる貴重な歴史資料館となっており、土産が買える物産館やカフェもあるので家族で楽しめる。

藤枝市岡部町岡部 817　☎054-667-0018
■営業時間：9:00 ～ 17:00（最終入館 16:30）　■休日：月曜日（祝日の場合は翌日）、年末年始　■料金：大人 300 円、中学生以下無料　■駐車場：45 台

▲主屋はかつての東海道、旧国道1号に面している

◀焼津の特産品・ミナミマグロがズラリ！

焼津さかなセンター

漁港の市場の雰囲気そのままに、マグロをはじめとするさまざまな海産物や水産加工品などを購入できる施設。食堂もあり、焼津港・小川港・大井川港漁港直送の新鮮な海の幸を味わえる。

焼津市八楠 4-13-7　☎054-628-1137
■営業時間：9:00 ～ 17:00　■休日：1月1日（設備点検による臨時休業あり）　■駐車場：600 台

▲マグロ販売店が密集している「マグロ街道」エリア

「さかなのまち焼津」で海と親しみ、海を味わい尽くす

街道散策の後は焼津漁港周辺で一休み。海と親しむことがコンセプトの親水広場ふぃしゅーなでは、駿河湾の海水を引き込んで海の生物と触れ合える潮だまりやフィッシングゾーンがありファミリーにも人気だ。海の幸を味わいたいなら焼津さかなセンターへ。約70軒もの店舗がズラリと並び、どこを見ても魚介類のオンパレード。また、焼津と言えば魚はもちろん、実は良質の天然温泉を楽しめる街でもある。エキチカ温泉・くろしおで、美肌の湯に浸かりながら旅の疲れを癒やしたい。

▲同じく焼津漁港周辺にある静岡県水産・海洋技術研究所の展示室「うみしる」

▲海の生物と触れ合える「潮だまり」ゾーン

親水広場ふぃしゅーな

焼津漁港内の新港地区にある親水広場。フィッシングゾーンではクロダイやアジ、サバなどが釣れ、柵やベンチがあるので子ども連れでも安心。海風を感じながらデッキを散歩するのも良い。

焼津市鰯ヶ島 136-28　☎054-628-3126　■駐車場：85 台

小川港魚河岸食堂

小川漁港で地元魚仲買人組合が運営する食堂。天ぷら、刺身、焼き魚などが一度に味わえる定食や海鮮丼など、朝魚市場に水揚げされたばかりの新鮮な魚を使ったメニューが揃っている。

焼津市小川 3392-9　☎054-624-6868
■営業時間：7:00 ～ 14:00（土曜日は 10:00 ～）
■休日：年末年始　■駐車場：30 台

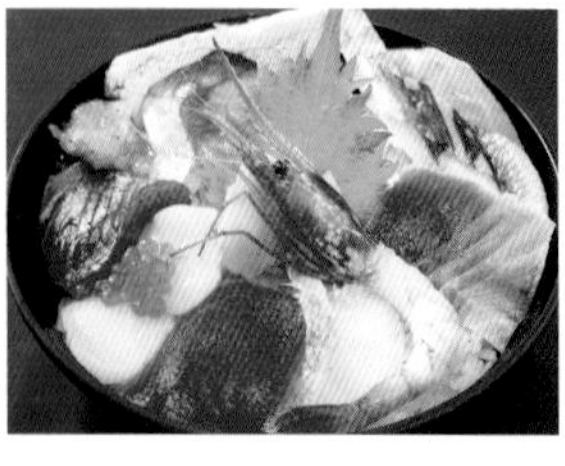

◀「上海鮮丼」1700円は、マグロ、カツオ、南マグロ中トロ、白身魚、生シラスなどが載った贅沢な一品

エキチカ温泉・くろしお

焼津駅すぐそばの日帰り天然温泉施設。美泡風呂やラジウムサウナなど4つの風呂を楽しめる。館内には、ライブラリーやリクライニングスペース、レストランなどくつろぎ空間も充実。

焼津市栄町 1-13-1　☎054-627-7200
■営業時間：10:00 ～翌 9:00　■休日：なし（設備点検による臨時休業あり）　■料金：2 時間コース大人（中学生以上）950 円、小学生 500 円、幼児（小学生未満）250 円　※その他コースは HP を要確認
■駐車場：120 台

▼温泉は塩分濃度が高い塩化物泉で湯冷めしにくく、肌にやさしい弱アルカリ性のお湯は保湿効果が高いのが特徴

●静岡・焼津の立ち寄りどころ

ヤイヅツナコープ

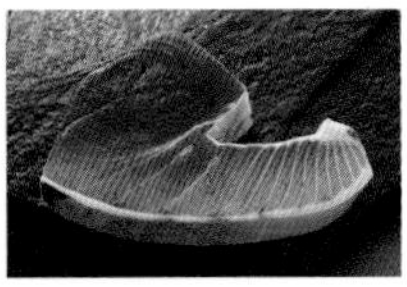

焼津漁協の直販店。天然ミナミマグロのブロック買いも可。

焼津市鰯ヶ島 136-26　☎054-629-7393　■営業時間：8:00 ～17:00
■休日：月曜日（祝日の場合は翌日）　■駐車場：150 台

T 's green

お茶農家によるカフェ。静岡茶と甘味を楽しめる。

静岡市駿河区鎌田 71-14　☎054-201-1108
■営業時間：10:00 ～ 18:00　■休日：不定休　■駐車場：3 台

石部《せきべ》屋《や》

静岡名物の安倍川もちとからみもちが味わえる老舗。

静岡市葵区弥勒 2-5-24　☎054-252-5698
■営業時間：10:00 ～ 17:00
■休日：木曜日（祝日の場合は前日）
■駐車場：6 台

ゆとり庵

店主が厳選した10銘柄以上のおいしい米を堪能できる。

藤枝市岡部町岡部 839-1　☎054-667-2827
■営業時間：9:00～17:00（食事は要予約）
■休日：月・火曜日　■駐車場：6 台

御菓子司　角屋

明治 43 年創業の老舗。「味噌まんじゅう」が名物。

焼津市本町 5-7-8　☎054-628-3870
■営業時間：9:30 ～ 18:30
■休日：水曜日　■駐車場：2 台

▲寸又峡の夢のつり橋

川根コース

SLの汽笛が響く 奥大井の秘境へ

手つかずの雄大な自然が残る静岡県の秘境・奥大井。南アルプスの玄関口ともいわれているこの地が、ここだけでしか撮れない自然や景観など、フォトジェニックなスポットとして密かに注目が集まっているのをご存じだろうか。SL、吊り橋、温泉、川根茶など、魅力が満載の大井川流域を五感で満喫する旅をご紹介。

モデルコース

START
新東名 島田金谷IC
↓ 22.6km（30分）
❶川根温泉ふれあいの泉
↓ 15.7km（20分）
❷フォーレなかかわね茶茗舘
↓ 14.4km（15分）
❸千頭駅
↓ 13.2km（40分）
❹夢のつり橋
↓ 58.5km（1時間40分）
GOAL
新東名 島田金谷IC

走行距離／124.4km
走行時間／3時間25分

▲露天風呂から見える真っ赤な鉄橋と漆黒のボディのコントラストが美しい

川根温泉 ふれあいの泉

温泉は、全ての浴槽が源泉掛け流し。体の芯から温まり、湯冷めしにくいのが特徴だ。川根温泉水を煮詰めた塩で作る「幻の塩ラーメン」も要チェック！

島田市川根町笹間渡 220　☎0547-53-4330
■営業時間：9:00 ～ 19:00（最終受付 18:30）
■休日：第 1・3 火曜日（祝日の場合は翌平日）
■料金：大人（中学生以上）520 円、小学生 310 円
■駐車場：250 台

① 川根温泉ふれあいの泉 周辺

大井川の食の魅力を堪能 SLが見える天然温泉も

県下最大級の体験型フードパーク・KADODE OOIGAWAには、ご当地の名産品や地元食材を活かした飲食店、そして緑茶の魅力をさまざまな切り口で体験できるコンテンツが盛りだくさん。大井川流域の魅力を再発見できそうだ。川根温泉は、日帰り温泉やコテージなどの施設もある複合型の道の駅で、温泉の湯量は静岡県内でもトップクラスを誇る。露天風呂の湯けむりと、大井川から立ち上る川霧の向こうに、汽笛を響かせて走るSL。勇壮な姿を眺めながら、時間を忘れてゆっくりしたい。

加藤菓子舗

名物の「川根大福」は、生クリームのコクとあんこの控えめな甘さのバランスが絶妙。

島田市川根町身成 3530-5　☎0547-53-2176
■営業時間：8:00 ～ 17:00　■休日：月曜日、第 1 火曜日（祝日の場合は翌日）　■駐車場：5 台

▲「川根大福」4個入り920円。白（プレーン）と茶（川根茶）の2種類が楽しめる

▲大井川流域の豊かな土壌に培われた農産物が勢ぞろいするマルシェ

▲「農家レストラン Da Monde」では地元産野菜を中心としたビュッフェを楽しめる

KADODE OOIGAWA

2020（令和2）年11月に誕生した大井川鐵道の新駅・門出駅とともにオープン。マルシェ、キッズパーク、遊び場、お茶の体験コーナーなどが楽しめる空間になっている。

島田市竹下 62　☎0547-39-4073　■営業時間：9:00 ～ 18:00
■休日：第 2 火曜日、1 月 1 日※その他臨時休館あり　■駐車場：550 台

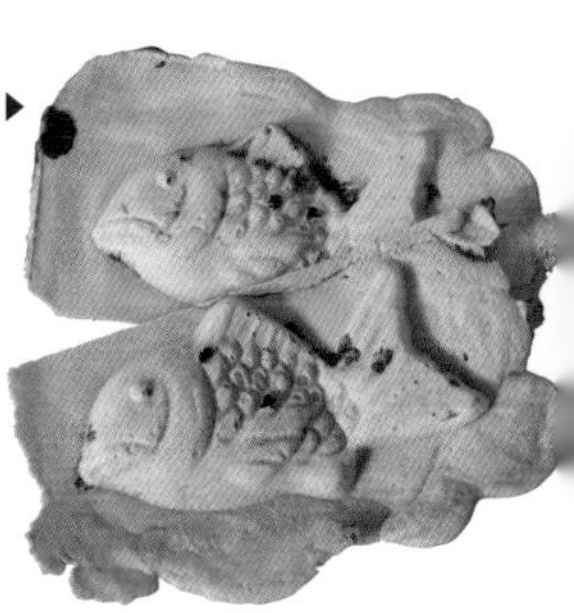

川根茶入りの皮と北海道産小豆を使用した「抹茶たいやき」200円▶

たいやきや

1961（昭和 36）年創業の元祖「抹茶たいやき」のお店。しっぽまであんこがぎっしり！

島田市川根町家山 668-3　☎0547-53-2275
■営業時間：10:00 ～ 13:30
■休日：水・木曜日　■駐車場：4 台

道の駅 フォーレなかかわね茶茗館

川根茶の魅力を発信するお茶の体験施設。お土産処「緑のたまてばこ」では、手頃な一煎パックから高級茶までそろい、川根茶のクッキーやアイスなどスイーツも充実。

榛原郡川根本町水川 71-1　☎0547-56-2100
■営業時間：10:00 ～ 16:30
■休日：水曜日、祝日の翌日、年末年始　■駐車場：26 台

▲茶室に面した風情ある日本庭園

「川根茶セット」▶ 300 円。「やぶきた」と「おくひかり」の飲み比べができる

② フォーレなかかわね茶茗館 周辺

平和を祈る大仏に見守られ お茶の里・川根で感動の一服を

味と香りに優れた銘茶として名高い「川根茶」。フォーレなかかわね茶茗館では、淹れ方や湯温の違いによって異なるお茶のうまみや苦味の違いなどを、周りの雰囲気も含めて五感で堪能する体験ができる。水琴窟のある日本庭園、緋毛氈《ひもうせん》の敷かれた和室など、「和」の演出が満載の空間で身も心も癒やされてみては。また、この川根本町に大仏があるのはご存じだろうか。智満寺の境内奥に鎮座する「川根大佛」は、平和と人権尊重などを念じて、2000（平成12）年に建立。その荘厳な佇まいに心が洗われる。

大きな看板が▶ 目印。コンビニも隣接

◀川根本町産のそば粉を使った手打ちそばも絶品！

四季の里

地元のお母さんが切り盛りする特産品販売所。手作り惣菜、季節のお菓子、新鮮野菜などが並ぶ。一番人気は「よもぎパン」。

榛原郡川根本町下長尾 477-4　☎0547-56-0542
■営業時間：8:00 ～ 16:00（1 月～ 3 月中旬は 15:30 まで）■休日：年末年始（不定休あり）
■駐車場：15 台

◀本堂位牌堂には花鳥の絵天井が300枚がある

身丈3.3mの大涅槃（ねはん）像。▶ 螺髪や足の裏も間近で見られる

智満寺

約 800 年前の平安時代に草創された寺院で、御本尊は千手観音菩薩像。2000 坪ある広大な境内に多くの仏像などが安置されている。

榛原郡川根本町上長尾 332　☎0547-56-0123
■拝観時間：7:30 ～ 16:30　■休日：なし　■駐車場：10 台

▲「川根大佛」は総丈6.5m、総重量150tの石像

③千頭駅周辺

大井川鐵道千頭駅

入場券を購入すればホームに入れるので、停車中のアプト式列車を間近に見ることができる。

榛原郡川根本町千頭 1216-5
☎0547-59-2065
■料金：入場料小学生以上 150 円
■駐車場：音戯の郷駐車場を利用

◀アニメ「ゆるキャン△」の主人公が駅前でグルメを楽しんだことで有名。秋には紅葉も見られる

SLが走る昭和の原風景を求め大井川鐵道をぶらり

千頭駅は奥大井へと進む井川線の始発点であり、日本で唯一のアプト式区間を持つ列車に出合えることも。ホームで見つけたら写真を撮ることをお忘れなく。千頭駅に来たら、隣にある音戯の郷にも寄ってみよう。奥大井の自然に包まれた「音」をテーマにした体験型ミュージアムで、音の不思議を体感できる。

▲大井川水系のダム建設のために作られた南アルプスあぷとライン。今は奥大井の観光列車としても運行

cafe うえまる

地産地消にこだわり、自家農園や地元の農家さんが丹精込めて栽培した野菜や果物をふんだんに使用したメニューが魅力のカフェ。

▲千頭駅から徒歩すぐ

榛原郡川根本町千頭 1215-12　☎080-1620-0358
■営業時間：11:00 ～ 16:30（LO16:00）　■休日：火曜日、その他不定休あり（Instagram を要確認）　■駐車場：道の駅の駐車場を利用

▼ダムと周辺の風景をいろいろな食材で表現した「長島ダムカレー」1500円

◀2階フロアは音にまつわるクイズや体験ができるミュージアムになっている

音戯の郷

SL の汽笛が「残したい日本の音風景 100 選」に選ばれたのをきっかけに作られた、五感を使って楽しめる音がテーマの施設。音を聴いて楽しめるさまざまなアトラクションがある。

榛原郡川根本町千頭 1217-2　☎0547-58-2021
■営業時間：10:00 ～ 16:30（入館最終受付 16:00、工房最終受付 15:00）
■休日：火曜日（臨時休館あり）　■料金：大人 500 円、小・中学生 300 円
■駐車場：85 台

④ 夢のつり橋 周辺

世界が驚いた絶景も！ 寸又峡の魅力に迫る

大井川の支流・寸又川沿いの美しい渓谷、寸又峡。寸又峡温泉は、山深い自然環境を満喫できるのが魅力の温泉地だ。独特のとろりとした湯ざわりで「美女づくりの湯」としても知られている。さらに、寸又峡といえば夢のつり橋も外せない。吊り橋の下に広がるエメラルドグリーンの湖はあまりにも神秘的。同じく奥大井湖上駅も絵本やアニメの世界から抜け出たような不思議な景観に出会えるスポット。まるで青い湖の上に浮かんでいるかのように見える様は、言葉を失うほどの美しさだ。

奥大井湖上駅

南アルプスあぷとラインの駅で、長島ダムのダム湖である接岨湖の左岸につき出た半島状の場所に立地。半島の両脇には「奥大井レインボーブリッジ」が架かる。

榛原郡川根本町梅地
☎0547-45-4112（大井川鐵道千頭駅）
■駐車場：25 台

レインボーブリッジを歩いた先にある▶山の上の展望所（徒歩20分）からの景色は圧巻！

男湯・女湯ともに、シャワーと岩風呂だけのシンプルな造り▶

美女づくりの湯

湯の花の舞うぬるっとした泉質で、湯上り後はしっとりすべすべな肌触りに。「入浴できます」の看板が出ていたら営業中。券売機でタオルも購入できるので手ぶらでOK。

榛原郡川根本町千頭 368-3　☎0547-59-3985
■営業時間：10:00 ～ 18:00（受付終了 17:30）　■休日：水・木曜日
■料金：入浴料大人（中学生以上）400 円、子ども（3 歳以上）200 円
■駐車場：寸又峡温泉駐車場（有料）を利用

夢のつり橋

大間ダムのダム湖にかかる長さ約 90m、高さ 8m の吊り橋。美しい湖面の色は、透明度の高い水が起こす物理現象によるもの。恋の願い事をすると成就するといわれている。

榛原郡川根本町千頭（寸又峡）地先
☎0547-59-2746（川根本町まちづくり観光協会）
■通行時間：日の出～日暮れ前（夏期 18:00、冬期 16:00）
■駐車場：寸又峡温泉駐車場（有料）を利用

▼トリップアドバイザーの「死ぬまでに渡りたい!? 世界の徒歩吊り橋 10選」にも選ばれている

◀足湯につかりながらドリンクやスイーツを楽しめる

晴耕雨読ヴィレッジ

「美女づくりの湯」が源泉の足湯カフェ・貸切り日帰り温泉・ゲストハウスからなる複合施設。「あられジェラート」などオリジナルフードが味わえるショップも。

榛原郡川根本町千頭 375　☎0547-59-2333
■営業時間：11:00 ～ 17:00　■休日：月～木曜日（営業日カレンダーあり）　※冬期は休業
■駐車場：寸又峡温泉駐車場（有料）を利用

●川根の立ち寄りどころ

Cafe ひぐらし

川根温泉笹間渡駅の駅舎を改装したカフェ。

島田市川根町笹間渡 436-1

☎0547-53-2237

■営業時間：11:30 ～ 13:00（予約営業）、13:00 ～ 17:00

■休日：日・月曜日（臨時休業あり。電話で要確認）

■駐車場：5 台

野守の池

ヘラブナや鯉の釣り場としても有名。

島田市川根町家山　☎0547-36-7163（島田市観光課）

■駐車場：2 台（野守の池南公衆トイレ横）

※2024（令和6）年4月現在、大井川鐵道は2022（令和4）年9月の台風15号の影響で一部区間で運転を見合わせています。

マルイエ醤油川根本家

創業1910（明治43）年の老舗。事前予約で工房の見学も可。

島田市川根町家山 796　☎0547-53-2212

■営業時間：10:00 ～ 18:00　■休日：水曜日　■駐車場：3 台

接岨峡温泉 森林露天風呂

トロッコ列車が間近に通る露天風呂が好評。

榛原郡川根本町犬間 165-6　☎0547-59-3721

■営業時間：10:00 ～ 20:00　■休日：木曜日　■料金：日帰り入浴大人（中学生以上）600 円、子ども（4 歳以上）350 円　■駐車場：6 台

塩郷の吊り橋

ゆらゆら揺れる吊り橋の上から大井川の景色を見てみよう！

榛原郡川根本町下泉 1939

☎0547-59-2746（川根本町まちづくり観光協会）　■駐車場：8 台

御前崎・島田コース

海と茶畑を巡る爽快ドライブの旅

▲ダイナミックな水平線が見渡せる御前崎サンロード

太平洋へと向かって突き出る岬・御前崎。遮るもののない海岸沿いからは壮大な弧を描いたような水平線が見え、ここでしか味わえない青空と海の情景を楽しめる。また、島田市から最南端の御前崎市まで28㎞続いている日本一の広さを誇る大茶園・牧之原台地には、お茶の博物館や茶畑と富士山を望む景勝地など見どころが満載。青空と海、そして茶畑を並走する爽快感抜群のドライブへ出かけよう。

モデルコース

START
東名吉田 IC
↓ 3km（7 分）
❶小山城跡
↓ 24.5km（39 分）
❷御前埼灯台
↓ 30km（38 分）
❸ふじのくに茶の都ミュージアム
↓ 8.8km（15 分）
❹蓬莱橋
↓ 9km（15 分）
GOAL
新東名島田金谷 IC

走行距離／ 75.3km
走行時間／ 1 時間 54 分

① 小山城跡 周辺

珍しい三重堀がある城 最新技術のサーフィン施設も

小山城は、武田氏の遠江攻略の拠点として築かれた城。現在は公園として整備され、模擬天守から復元された遺構を眺めれば、当時の武田氏の戦いの工夫がよくわかる。三重の三日月堀は他に類を見ない遺構で、今でも当時の面影を色濃く残している。日本初の大型サーフィンプールがある静波サーフスタジアムにも注目。入場料無料のカフェやショップで南国気分を味わおう。サーフィンをしている様子を眺めながらの食事は、ちょっとした非日常感を体験できる。

小山城跡

武田四天王の一人、馬場信春によって築かれた城。愛知県の犬山城を模した模擬天守や郷土資料館などを配した史跡公園として憩いの場となっている。

榛原郡吉田町片岡
☎0548-32-9286
■駐車場：200 台

▲高さ21mで3層5階の模擬天守「展望台小山城」

中央の甲冑▶（復元）が武田信玄のもの

吉田公園

▲3月下旬～4月上旬には「チューリップまつり」が開催される

芝生広場やビオトープを備える自然豊かな公園。春には7万本のチューリップが咲き誇る。

榛原郡吉田町川尻 4036-2
☎0548-33-1420　■駐車場：250 台

静波サーフスタジアム PerfectSwell®

▼先端技術によって、初心者からプロまでさまざまなレベルに対応する波を生み出せる

波の種類は、ビギナー用の小波からプロが喜ぶビッグウエーブまで 100 種類。インストラクターの指導を受けながら体験ができる未経験者向けのコースもある。

牧之原市静波 2220　※問い合わせは HP から
(https://www.surfstadium-japan.com)
■営業時間：9:00 ～ 17:00(7月～9月 8:00 ～ 20:00)
■休日：なし　■料金：入場料大人 550 円～ 1650 円、小学生以下無料～ 825 円(季節により異なる)　■駐車場：270 台

◀南国の植物が植えられた雰囲気ある外観

▲サーフィンプールを一望できるおしゃれなカフェ「CoCo café Shizunami」（定休日は火曜日）

▼バンズもパテも手作りの「CoCoバーガー」1320円

② 御前埼灯台 周辺

登れる灯台と新鮮魚介市場で絶景とグルメを堪能

太平洋に突出した御前崎の先端にある御前埼灯台。日本の登れる灯台16基の一つで、らせん階段を登った先に現れるのは太平洋の大海原と伊豆半島、南アルプス、富士山の雄大な景色。日没後はライトアップされ、昼間とは違った幻想的な雰囲気が広がる。階段を降りた先の「みさきの広場」にはカフェもあり、ドリンクをテイクアウトして散策するのもおすすめ。歩き回っておなかが空いたら、「御前崎 海鮮なぶら市場」へ。御前崎港で獲れた新鮮魚介が勢揃いで、中でも御前崎ブランドのカツオは要チェックだ。

◀御前崎港で水揚げされた新鮮な海産物や、全国から直送された海産物がよりどりみどり

▼伊勢エビのシーズンにはイベントも開催

▲キンメダイは、煮付けはもちろんしゃぶしゃぶや刺身も絶品

御前崎 海鮮なぶら市場

館内は、マグロやカツオなどの鮮魚や観光土産がそろう「海遊館」と、お寿司や刺身、海鮮丼、ジェラートなどの食事が楽しめる「食遊館」の2つに分かれている。

御前崎市港 6099-7　☎0548-63-6789
■営業時間：海遊館 9:00 〜 17:00（土日祝 8:30 〜）、食遊館 9:00 〜 18:00（店舗により異なる）
■休日：火曜日　■駐車場：200 台

Pacific Cafe OMAEZAKI

御前埼灯台のふもとにあるカフェ。ロコモコやハンバーガーなど、ハワイアンスタイルのメニューが豊富。

御前崎市御前崎 1565-2　☎0548-63-1100
■営業時間：11:00 〜 18:00(LO17:00)　■休日：水曜日
■駐車場：100 台

▲「マヒマヒバーガー」1180円には御前崎産のシイラを使用

▲水平線を望みながらゆったりと過ごせる店内

御前埼灯台

1874(明治 7)年、イギリス人技師の監督のもとに誕生した白亜の洋式灯台。日本の灯台 50 選のほか、歴史的・文化的価値の高さから、「A ランクの保存灯台」に指定されている。

御前崎市御前崎 1581　☎0548-63-2550
■参観時間：9:00 〜 16:00(3 〜 10月の土日祝は 16:30 まで)
■休日：なし　■参観寄付金：大人(中学生以上)300 円
■駐車場：10 台

◀静岡県産のヒノキを使用した吹き寄せ壁の外観が印象的

▲大名茶人・小堀遠州が手掛けた後水尾院の仙洞御所の東庭を復元

▲抹茶の原料の「碾茶」を専用の石臼で挽く「抹茶挽き体験」

▲お茶の製造工程や代表的なお茶を紹介。実際に茶葉の香りを嗅ぐこともできる

③ ふじのくに 茶の都ミュージアム 周辺

日本一の大茶園の景観とともに お茶を五感で楽しむ

日本一の大茶園・牧之原台地にあるふじのくに茶の都ミュージアムは、全国でも珍しいお茶専門の博物館。茶道、静岡茶のいれ方、抹茶挽きなどの体験が充実しており、お茶の香りを体感できるコーナーもあるので、見るだけでなく五感をフルに使って楽しめる。また、すぐ側の牧之原公園は、富士山や駿河湾を望む景勝地として有名。正面の富士山をはじめ、右手に駿河湾と伊豆半島、左手に南アルプスの山々、そして眼下には雄大に流れる大井川と周辺に広がる茶畑。これらはまさに日本を代表する景観と言っても過言ではないだろう。

ふじのくに 茶の都ミュージアム

お茶の産業、文化、歴史、民俗、機能性などを紹介する博物館をはじめ、小堀遠州ゆかりの日本庭園や茶室などを見学できる。ミュージアムショップも併設。

島田市金谷富士見町 3053-2
☎0547-46-5588
■営業時間：9:00～17:00（最終入館16:30）、茶室 9:30～16:00（最終入室15:30）　■休日：火曜日（祝日の場合は翌平日）、年末年始　■料金：大人 300 円、大学生以下、70 歳以上無料　■駐車場：80 台

牧之原公園

広大な牧之原大茶園の一角にある公園。園内には日本にお茶を普及させた栄西禅師の像や、3 月下旬から 4 月上旬頃に開花するカタクリの群生地がある。

島田市金谷富士見町 1701-1　☎0547-46-2844（島田市観光協会）
■駐車場：10 台

▼晴天時には島田市街、大井川、富士山を一望でき、ここからの眺めは日本夜景遺産にも選ばれている

▲隣接の諏訪原城ビジターセンターにあるジオラマ

▲シンボルともいえる丸馬出の遺構が随所に残る

諏訪原城跡

徳川氏に対する備えとして武田信玄の子・勝頼が築いた山城。戦国時代の武田氏・徳川氏の築城様式を知る上でも貴重な城址であり、国指定の史跡になっている。

島田市菊川 1174　☎0547-36-7967（島田市博物館課）
■駐車場：8 台

④ 蓬莱橋 周辺

◀長い木＝長生き、全長897.4m＝やくなし（厄無し）の語呂合わせで縁起のいい橋として人気

蓬莱橋

大井川にかかる全長 897.4m、通行幅 2.4m の木造歩道橋。情緒ある佇まいやロケーションの良さから、数々の映画・ドラマのロケ地としても登場している。

島田市２丁目地先
☎090-7866-1056（蓬莱橋番小屋）
■営業時間：終日
■料金：大人（中学生以上）100円、小学生 10円
■駐車場：75台

大井川の歴史と文化を感じる遺跡と木造歩道橋

江戸時代、東海道最大の難所として有名だった大井川。旅人たちは、この大井川を川越人足の助けによって渡っていた。島田宿大井川川越遺跡には、川越制度を管理した川会所や人足が詰めていた番宿などが復元保存され、当時の雰囲気を今に伝えている。また、そんな大井川に明治時代初めて架けられた「蓬莱《ほうらい》橋」は、世界最長の木造歩道橋としてギネスブックにも認定されている。橋上から見渡す大井川の眺めは爽快で、冬の富士山や夏の夕暮れなど、どの時期に行っても風情がある。

▲店内には「島田の逸品」に認定されたお菓子や雑貨、品評会で入賞したお茶などが勢ぞろい

▲地元の茶を練り込んだ「煎茶ソフトクリーム」420円

蓬莱橋 897.4《やくなし》 茶屋

蓬莱橋のたもとにあるお茶屋。緑茶や和紅茶、ソフトクリームなど島田茶を使ったカフェメニューを提供しており、じっくりと丁寧に抽出された島田茶は、香りや旨味が凝縮された豊かな味わい。

島田市南２丁目地先　☎0547-32-9700
■営業時間：9:00 ～ 17:00（10月～３月は 16:00 まで）
■休日：なし　■駐車場：75台

◀遺跡付近には島田市博物館も

島田宿大井川川越遺跡

大井川の河川敷付近から東へ約 300m にわたって広がる国指定の史跡。江戸時代から現存する川会所を中心に、札場や口取宿、番宿、荷縄屋などが復元され、当時の街並みを再現している。

島田市河原１　☎0547-37-1000（島田市博物館）
■営業時間：9:00 ～ 17:00
■休日：年末年始　■駐車場：47台

▲十番宿の中では川越人足の人形も展示

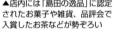

●御前崎・島田の立ち寄りどころ

磯料理　厨

御前崎産のカツオを刺身やなまり節で堪能！

御前崎市御前崎1140-22
☎0548-63-1439
■営業時間：
11:00〜14:30(LO14:00)
17:00〜22:00(LO21:00)
■休日：水曜日(月に2度木曜不定休あり)　■駐車場：30台

磯亭

御前崎港で仕入れた新鮮な海の幸を味わえる食事処。

御前崎市御前崎1-25　☎0548-63-5099　■営業時間：11:00〜14:00、17:00〜19:00　■休日：火曜日　■駐車場：40台

さがら子生れ温泉会館

遠州七不思議の「子生れ石」伝説ゆかりの湯。

牧之原市西萩間 672-1　☎0548-54-1126
■営業時間：10:00〜21:00　■休日：第2火曜日、12月31日、1月1日
■料金：4 時間大人(中学生以上)620 円、子ども(3 歳以上)300 円
■駐車場：170 台

グリンピア牧之原

茶工場見学や茶摘み体験ができる施設。
牧之原市西萩間 1151　☎0548-27-2995
■営業時間：10:00 〜 17:00
■休日：年末年始　■駐車場：40 台

龍月堂

米麹の豊かな香りが楽しめる「小まん頭」が名物。
島田市本通 6-7847　☎0547-37-3297
■営業時間：8:00 〜 18:30　■休日：火曜日(祝日の場合は営業)
■駐車場：6 台

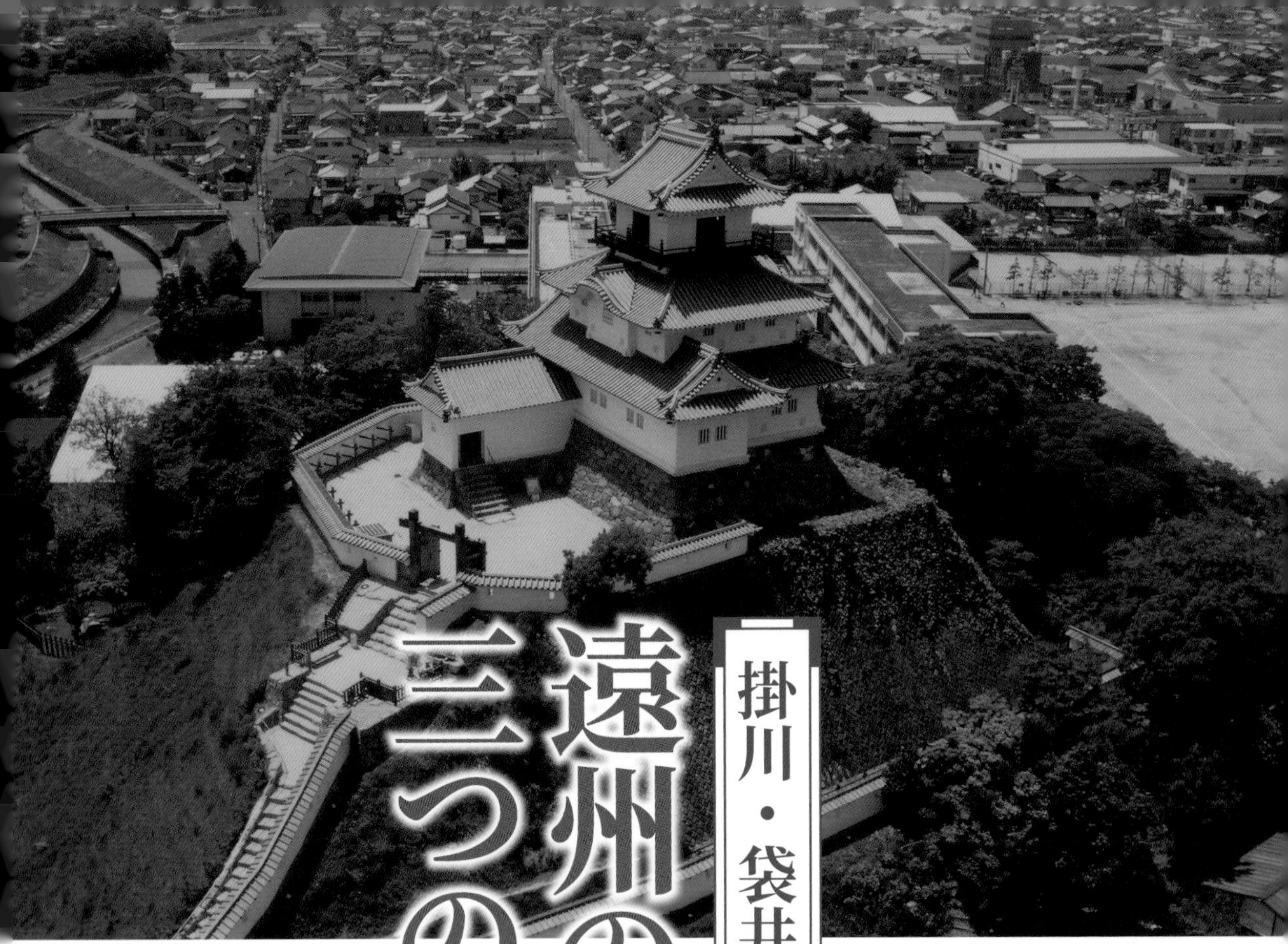

▲丘の上に建つ掛川市のシンボル的存在・掛川城

掛川・袋井コース

遠州の名城と三つの古刹を巡る

掛川市は、戦国時代に戦略上の重要な拠点として掛川城、高天神城、横須賀城が築かれ、武田や徳川といった多くの武将が戦いを繰り広げた地。現在の街並みにも城下町の名残が感じられる。隣の袋井市は古刹が多く残り、特に歴史のある法多山尊永寺、可睡齋、油山寺は「遠州三山」と呼ばれ、3つの寺院を巡る御利益参りが人気だ。歴史と伝統が息づいているこの地で、いにしえのパワーを肌で感じてみよう。

モデルコース

START
東名掛川 IC
↓ 2.3km（7分）
❶掛川城
↓ 11.5km（19分）
❷高天神城跡
↓ 19.7km（33分）
❸法多山
↓ 10.3km（22分）
❹可睡斎
↓ 3.5km（8分）
GOAL
東名袋井 IC

走行距離／47.3km
走行時間／1時間29分

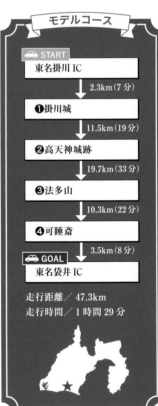

① 掛川城 周辺

美しき東海の名城と近世城下町の風情を味わう

貴族的な外観から「東海の名城」とうたわれた掛川城。1994（平成6）年に復元された日本初の本格木造天守閣は、白い壁が青空と周辺の緑によく映えて堂々とした風格だ。また、城郭に御殿が現存する遺構は非常に貴重とされる。御殿入口の石垣は銀杏の形をしており、当時の職人が技術を競ったといわれているので、ぜひ探してみよう。掛川城で武将の気分に浸った後は、城のお膝元に店を構える遠州掛川 鎧屋へ。国内の希少な職人が手掛ける神聖な本物の武具の数々は歴史好きにはたまらないだろう。

▲書院造と呼ばれる建築様式で造られた御殿。畳を敷きつめた多くの室が連なり、襖によって仕切られている

◀本丸門の前面に配置された三日月状の堀。深さは8mある

天守は、安政の大地震により大半が損壊したが、1994(平成6)年に140年ぶりに木造で再建され、再び美しい姿に ▶

掛川城

室町時代に今川氏の重臣・朝比奈氏が治め、戦国時代には大河ドラマ「功名が辻」で知られる山内一豊が入城し、近世城郭へと大改修。併せて城下町も整備した。

掛川市掛川 1138-24　☎0537-22-1146
■営業時間：9:00 ～ 17:00(最終入館 16:30)　■休日：なし
■料金：天守閣・御殿入場料 大人 410 円、小・中学生 150 円
■駐車場：大手門駐車場(有料)などを利用

遠州掛川 鎧屋

県内ではここにしかない、甲冑・武具を取り扱う専門店。甲冑の試着体験（有料・要予約）ができ、掛川城近辺で写真撮影しても楽しい。

掛川市城下 3-2　☎0537-21-4618
■営業時間：10:00 ～ 17:30
■休日：水曜日(不定休あり)　■駐車場：5 台

◀現代甲冑、模擬刀、時代小道具などの戦国・幕末・忍者グッズが所狭しと並ぶ

掛川市ステンドグラス美術館

19 世紀イギリスの作品約 70 点と、フランスのバラ窓 10 点を展示。技術的・装飾的にも極めて高度な作品が揃う。

掛川市掛川 1140-1　☎0537-29-5680
■営業時間：9:00 ～ 17:00(最終入館 16:30)
■休日：月曜日(祝日の場合は翌日)、年末年始、施設メンテナンス日あり
■料金：大人 500 円、中学生以下無料
■駐車場：なし※掛川城公園駐車場(有料)を利用

◀国内初の公立ステンドグラス美術館として2015 (平成 27) 年に建設された

◀「道徳門」「経済門」と刻まれている正門左右の門柱は県指定文化財

大日本報徳社

金次郎の像で知られる二宮尊徳が唱えた報徳思想を全国に普及・啓蒙する中心拠点。敷地には 6 つの文化財建造物が建ち並び、中でも国指定重要文化財である大講堂の規模と迫力には圧倒される。

掛川市掛川 1176　☎0537-22-3016
■営業時間：9:00 ～ 16:00(最終受付 15:30)　■休日：年末年始
■料金：大人 300 円、高校生以下無料　■駐車場：20 台
※貸室利用予約がある場合は、入館できない場合あり

② 高天神城跡 周辺

戦国時代を生き抜いた 2つの城の歴史を辿る

高天神城は、戦国時代に徳川・武田の両雄が攻防戦を繰り広げた、遠江を代表する中世の山城。追手門や本丸は鶴翁山の東峰にあるが、西峰にも足をのばしてみてほしい。すべて回れば、高天神城の特徴である、東峰と西峰それぞれに独立した曲輪が存在する「一城別郭」の構造がよく分かる。一方、家康による高天神城奪還の軍事拠点だった横須賀城は、山城から平城に移る中間期の特徴を備え、近世城郭でありながら戦国期の景観も感じられる。2つの城跡を歩きながら、両雄の栄枯盛衰を偲んでみては。

高天神城跡

標高 132m の鶴翁山を中心に造られた山城。三方が断崖絶壁、一方が尾根続きという天然の要害であり、「高天神を制するものは遠州を制する」といわれた要衝である。

掛川市上土方嶺向
☎0537-21-1121（掛川市観光交流課） ■駐車場：110 台

▲曲輪を断ち切り、敵の侵入を防ぐ堀切。山肌をえぐったような跡は迫力があり見ごたえ抜群

徳川方の軍目付、大河内政局が武田勝頼に幽閉されていたとされる石窟▶

▲本丸虎口周辺の玉石垣。表面のすべすべした丸い川原石が使用されているのが特徴

横須賀城跡

高天神城攻略の起点として築城された城で、その後 280 余年に渡り横須賀藩の中心だった。

掛川市西大渕
☎0537-21-1121（掛川市観光交流課）
■駐車場：15 台

◀ジャングル気分が味わえるカフェテリア

リバティーリゾート大東温泉

ジャングルをテーマにした館内で、南国ムード満点の非日常空間を味わえるリゾート施設。天然温泉はもちろん、カフェでランチやグランピングコテージで BBQ なども楽しめる。

掛川市国安 2808-2 ☎0537-72-1126 ■営業時間：10:00 ～ 21:00（最終入館 20:30） ■休日：隔週火曜日（祝日の場合は営業）
■料金：大人（中学生以上）600 円、小学生 300 円 ■駐車場：200 台

▲紅茶のような赤褐色が特徴の天然温泉

▲重厚感のある本堂。法多山のシンボルであり、東海随一の厄除正観世音菩薩を安置している

◀女性の恋愛と仕事運をアップしてくれる二葉神社

揺らめく明かりが▶幻想的な雰囲気を醸し出す万灯祭

③ 法多山 周辺

厄除観音で有名 周辺には御利益グルメも

「はったさん」の愛称で親しまれる法多山尊永寺。厄除開運のご利益があるとして、一年を通し多くの参詣者が訪れる。境内には仁王門や黒門などが点在し、霊験あらたかで荘厳な雰囲気。237段の階段を上ると現れる本堂は、舞い降りた鳳凰のように勇壮で堂々たる姿だ。もちろん名物の「厄除だんご」もお忘れなく。月に一度の功徳日には茶だんご、桜の季節にはさくらだんごなど限定の味があるのもうれしい。通常は非公開の客殿である一乗庵で食べられる限定ランチも見逃せない。

法多山尊永寺

725(神亀2)年、行基上人が開山したと伝えられる高野山真言宗の別格本山。ご本尊の正観世音菩薩は厄除観音として知られ、初詣は東海一円から参拝客で賑わう。

袋井市豊沢 2777　☎0538-43-3601
■拝観時間：自由
■駐車場：周辺有料駐車場を利用

門前グルメもいっぱい！

「厄除だんご(お茶付き)」200 円

5 本の串にさした団子にこしあんがたっぷりのった法多山名物。団子は頭・首・胴体・手・脚を表しており、厄除けの意味を込めたと伝えられている。

だんご茶屋
(法多山名物だんご企業組合)

袋井市豊沢 2777　☎0538-42-4784
■営業時間：8:00 ～ 17:00
■休日：不定休

「みそこんにゃく」150 円

熱々のこんにゃくと創業以来引き継がれてきた自慢の自家製味噌の相性は抜群。

ことぶき茶屋

袋井市豊沢 2760　☎0538-42-3627
■営業時間：10:00 ～ 16:00
■休日：不定休

「たまごふわふわ」350 円

徳川家の祝宴料理にも登場したという、卵とだし汁を使ってふわっと仕上げたシンプルな料理。

お食事処　山田

袋井市豊沢 2750　☎0538-42-2057
■営業時間：10:00 ～ 16:00
■休日：木曜日(変更の場合あり)

ごりやくカフェ一乗庵

袋井市豊沢 2777　☎090-6362-3008
■営業時間：11:15、13:00 の二部制(要予約)
■休日：火～金曜日

「ごりやくカフェランチ」1800 円

普段は非公開の客殿・一乗庵で味わえる、土・日・月曜日限定のランチメニュー。

④ 可睡斎 周辺

火防守護の総本山と目の霊山で御利益を授かる

法多山と合わせて「遠州三山」と呼ばれる可睡斎と油山寺。可睡斎は仏様・秋葉三尺坊大権現を祀る家康ゆかりの寺で、御真殿へ向かう階段や堂内など、至る所に天狗の像や面がある。天井画や襖絵が美しい瑞龍閣や烏枢沙摩《うすさま》明王を祀る大東司、宝物殿など見どころも満載だ。油山寺は目の霊山として知られ、入り口に構える山門は、元は掛川城の大手門だったものが明治維新後に寄贈されたもの。四方は木々に囲まれ緑が深く、三山の中で最も自然と溶け込んでいる寺といえるだろう。

大東司にある日本一大きい烏枢沙摩明王像。美しく磨かれた木の床、網代天井、蓮の手洗いなど、トイレとは思えない空間が広がる ▶

▲御真殿に向かう階段の途中の両脇には、天狗像がにらみをきかせている

秋葉總本殿 可睡斎

お参りやご祈祷とともに、春のひなまつりやぼたんまつり、夏の風鈴まつり、秋の紅葉めぐり、冬の秋葉火まつりと、四季折々の景観や行事も楽しめる。

袋井市久能 2915-1　☎0538-42-2121
■拝観時間：8:00 ～ 17:00
■料金：700 円
■駐車場：200 台(有料含む)

修行体験もできる

毎月「月心会」と題して参禅会が行われ、坐禅、写経、法話などを体験できる ▶

◀精進料理界の重鎮、小金山泰玄和尚が手掛ける精進料理

不動明王や四天王、十三仏などを所蔵する宝生殿 ▶

油山寺

孝謙天皇が寺にある「るりの滝」の霊水で御眼を洗ったところ目の病気が完治したという言い伝えから、目の霊山として篤く信仰されている。滝の入口にある休憩所は天井絵が見事。

袋井市村松 1　☎0538-42-3633
■拝観時間：9:00 ～ 16:00　■駐車場：200 台

▲三重塔は、安土桃山期の三名塔の一つ

可睡ゆりの園

可睡斎の東側丘陵地にある 3 万坪の広大な敷地にユリが咲き誇る。ユリの苗の購入も可。

◀季節を追うごとに、白、ピンク、赤、オレンジ、黄色と色とりどりのユリが楽しめる

袋井市久能 2990-1　☎0538-43-4736
■営業時間：9:00 ～ 17:00
■休日：開園期間 5 月下旬～ 7 月初旬(期間中無休)
■料金：大人通常 1100 円・最盛期(6 月 1 ～ 20 日頃)1500 円、小・中学生 400 円
■駐車場：1500 台

●掛川・袋井の立ち寄りどころ

掛川花鳥園

花と鳥との触れ合いが楽しめる。人気のハシビロコウにも会える！

掛川市南西郷 1517　☎0537-62-6363
■営業時間：9:00 ～ 16:30（最終入園 16:00）
■休日：第 2・4 木曜日（繁忙月を除く）　■料金：大人（中学生以上）1800 円､小学生 900 円　■駐車場：400 台

資生堂アートハウス

近現代の優れた美術品を公開。外観もアート。

掛川市下俣 751-1　☎0537-23-6122
■営業時間：10:00 ～ 16:30(最終入館 16:00)
■休日：ホームページで確認を　■駐車場：30 台

とろろ本丸

最高級自然薯を味わえるとろろ汁専門店。

掛川市南 2-14-2
☎0537-23-8811
■営業時間：11:00 ～ 14:00(LO13:30)、
17:00 ～ 20:00(LO19:30)
■休日：水曜日､月･火曜日夜
■駐車場：20台

名倉メロン農場　fruit cafe NiJi

完熟メロンをたっぷり味わえる農場のカフェ。

袋井市山崎 4334
☎0537-48-5677
■営業時間：10:00 ～ 17:00
■休日：土日祝日のみ営業(平日の利用は要予約)
■駐車場：15 台

じぇらーとげんき

メロン、イチゴ、トマトなど地元素材のジェラートが人気。

袋井市久能 2952-1
☎0538-43-7766
■営業時間：10:00-17:00
■休日：水・木曜日　■駐車場：10 台

▲秋葉神社上社にある黄金色に輝く「幸福の鳥居」

森・天竜コース

遠江国一宮から火伏せの聖地へ

遠州の小京都とも称される周智郡森町。遠江国一宮の小國神社をはじめ、由緒ある神社仏閣も多く、古くから伝承されてきた舞楽やまつりが暮らしの中に息づいている。また、隣り合う天竜区では東海随一の霊山・秋葉山山頂に秋葉山本宮秋葉神社が佇む。悠久の時に身を任せ、緑深い山々に育まれた歴史と文化の散策へ出かければ、厳かな雰囲気に心癒やされ、日本文化の奥ゆかしさが実感できること間違いなしだ。

モデルコース

START
新東名遠州森町スマートIC
↓ 3km（5分）
❶小國神社
↓ 4km（8分）
❷香勝寺
↓ 12km（20分）
❸天竜二俣駅
↓ 24km（47分）
❹秋葉神社上社
↓ 28km（52分）
GOAL
新東名浜松浜北 IC

走行距離／71.0km
走行時間／2時間12分

① 小國神社 周辺

荘厳な鎮守の森に佇む 浄化と癒やしの社

小國神社は、「だいこく様」の愛称で親しまれる「大己貴命」を御祭神とする遠州第一の社。1460余年の永い歴史を持ち、縁結び・厄除けの名社としても知られている。境内には「癒しの斎庭《ゆにわ》」と呼ばれる約30万坪の広大な神域で、杉や檜の大樹の中を歩けば、その神秘的な雰囲気と清々しい空気に心が洗われる。また、参拝後に必ず立ち寄りたいのが鳥居横に広がる憩いの空間・小國ことまち横丁。連日大盛況の話題のグルメが楽しめる。

▲日本唯一の伝統技法「檜皮葺き」を用いた屋根の造形が美しい社殿

小國神社

春の桜や石楠花、初夏の青もみじや花菖蒲、秋の紅葉、冬の梅など、四季を通じて見どころも多い。徳川家康との縁も深く、三方ヶ原合戦の戦勝を祈願し、のちに社殿と楼門を寄進したとも。

森町一宮 3956-1　☎0538-89-7302

■拝観時間：自由　■休日：なし　■駐車場：900 台

◀縁結びの御神木「ひょうの木」は樹齢700年～800年の古木

◀家康が腰かけて休息したと伝えられる「立ち上がり石」

小國ことまち横丁

小國神社の鳥居横にある観光施設。団子やわらび餅などの和菓子店をはじめ、抹茶のスイーツやピザ、パスタが楽しめるカフェやお茶の詰め放題などさまざまな店が軒を連ねる。

☎0538-89-7010（森の茶本舗）

■営業時間：9:30 ～ 16:30（森の茶本舗は 9:00 ～ 17:30）　■休日：なし

▲参拝後に一息つくのにもピッタリ

ことまちわらび餅

「ことまちわらび餅（カップ）」350 円

茶師厳選の静岡抹茶をぜいたくに使用したわらび餅。わらび餅のほんのりとした甘みと、抹茶のほろ苦さが絶妙なバランス。

「真っ赤なはちみつりんご飴」650 円

シャキシャキ食感のリンゴを、浜松市の長坂養蜂場とコラボした蜂蜜入りの特製シロップでコーティング。多い日には 1 日 1400 個以上売れる人気商品。

宮川カフェ

「開運団子」1 本 230 円

大人気のみたらしをはじめ、あんこ系から惣菜系まで常時 44 種の団子が楽しめる。季節に応じてメニューが変わり、その種類はなんと 100 以上！

真っ赤な袋のお茶の詰め放題

「深蒸煎茶」1 袋 1080 円

遠州産の深蒸し茶（煎茶・くき茶・ティーバッグ）の実演販売。「ギュウギュウ！パンパン！ひっくり返しておまけのもう一杯！」のパフォーマンスが楽しい。

② 香勝寺 周辺

初夏の森町で三寺の花めぐりを楽しむ

森町は、年中花が絶えない花どころで、特に5～7月の初夏にかけて見頃を迎える花が多い。香勝寺では、6月上旬から15種類4万5000株の桔梗《ききょう》が咲き乱れ、園内が青一色に染まる様子は圧巻。寺を開創した行基の歌にちなみ植えられた極楽寺の紫陽花《あじさい》は、約1万3000株。参道の両側を彩り、本堂前では真っ白なアナベルが見事な大輪を咲かせる。「萩の寺」で知られる蓮華寺は、4月に千代萩、5月に青萩など15種約3000株が次々と開花。秋口まで長く楽しめる。

▲桔梗の根の粉末が練り込まれた「ききょうアイス」350円

◀桔梗と同時期に鉢植えの花ハスも見ごろを迎える

香勝寺

「日本三大桔梗寺」の1つに数えられる名所。その植栽数は日本最大級で、寺の境内から裏山まで100万本以上の桔梗が咲く。「ききょうアイス」は開花期間のみの販売なのでお見逃しなく。

周智郡森町草ケ谷 968　☎0538-85-3630
■拝観時間：9:00～17:00　■休日：なし
■料金：大人(中学生以上)500円、小学生100円
■駐車場：70台

▲花の色は、青紫のほか、白、ピンク、斑入りなどがあり、形もさまざま

▲参道から裏山まで一面に咲き誇るさまざまな紫陽花

極楽寺

創建時から裏山が野生の山紫陽花の群生地で、「紫陽花寺」と呼ばれる紫陽花の名所。行基が、「極楽のゆく人の乗る紫の雲の色なるあじさいに花」と歌を詠んだと伝えられる。

周智郡森町一宮 5709　☎0538-89-7407
■拝観時間：9:00～17:00　■休日：なし
■料金：大人(中学生以上)500円、小学生100円
■駐車場：60台

◀ブルースカイや城ケ崎など、30種類以上の紫陽花が人々の目を楽しませてくれる

▲5月上旬から見ごろを迎える青萩

▲本堂には、木喰五行上人晩年の傑作「子安地蔵尊」が安置されている

蓮華寺

遠州最古の寺院。法然上人が立ち寄った際、辺り一面に萩の花が咲き乱れている光景を見て「これはまさに萩の寺だ」と感心したのが始まりで今日の名所となった。

周智郡森町森 2144　☎0538-85-5374　■拝観時間：9:30～16:00　■休日：なし
■料金：文化財記念館 大人300円※萩の園は見学無料　■駐車場：30台

③天竜二俣駅 周辺

悲劇の城から鉄道の聖地まで歴史と文化が融合した町

歴史や文化に恵まれ、自然を感じる街並みが続く天竜区二俣町。天竜川と二俣川に挟まれた台地に建つ二俣城は、戦国時代に今川・徳川・武田軍の攻防の舞台になった城。家康が長男・信康を自刃させた悲劇の城としても知られており、天竜川を見下ろす野面積の天守台の荒々しい姿からは中世城郭の面影が感じられる。天竜二俣駅では、国の登録有形文化財に指定された転車台や扇形車庫が今も現役で稼動し、見学ツアーも行っている。どこか懐かしさを感じる日常風景が鉄道ファンの心をとらえて離さない。

▲本丸に残る天守台は県内最古級とされる

◀二俣城を補完する鳥羽山城本丸南側の虎口

二俣城跡

天竜川と二俣川に囲まれた戦国時代の山城跡。追手門、本丸、二の丸、曲輪の石垣などは今でも原型をとどめている。

浜松市天竜区二俣町二俣　☎053-922-0033（天竜区まちづくり推進課）
■駐車場：6台

◀館内で展示されているバイク

本田宗一郎ものづくり伝承館

天竜で育った「Honda（本田技研工業）」の創業者・本田宗一郎氏の業績を顕彰するとともに、彼の人となりやものづくり精神に触れることができる施設。年譜や写真、創業当時のバイクなどが展示されている。

浜松市天竜区二俣町二俣 1112　☎053-477-4664
■営業時間：10:00 ～ 16:30　■休日：月・火曜日（祝日の場合は水曜日）　■駐車場：45台

天竜浜名湖鉄道 天竜二俣駅

天竜浜名湖鉄道の本社がある駅。転車台や扇形車庫・運転指令室など国登録有形文化財が数多くあり、見学ツアーでは同じ敷地にある車庫や鉄道歴史館なども同時に楽しめる。

浜松市天竜区二俣町阿蔵 114-2　☎053-925-2275
■営業時間：7:15 ～ 17:00
■駐車場：70台

④ 秋葉神社上社 周辺

北遠のパワースポット 雲海に浮かぶ火防の霊社

東海随一の霊山と呼び声高い秋葉山が御神体の秋葉山本宮秋葉神社。海抜８６６ｍに位置する上社は「天空の社殿」と呼ばれ、太平洋を一望できるその絶景は参拝の楽しみの一つだ。火防の神を祀り、秋葉の火まつりで奉納される舞は、振りかざされる松明の迫力と荘厳な雰囲気が見どころ。境内にある食堂と土産屋を兼ねた秋葉茶屋は、歩き疲れたら休憩するのにぴったりのスポットで、名物の御利益だんごや秋葉神社の神紋にちなんだもみじ田楽など、ここ限定のグルメも目が離せない。

▲「天狗だるま」2000円。右目を書き入れ願掛けし、叶ったら左目を書き入れる

▲1986（昭和61）年に再建された本殿は、拝殿を弊殿で繋ぐ権現造りになっている

秋葉山本宮 秋葉神社上社

日本全土に存在する秋葉神社の総本宮。御祭神は火を司る神である「火之迦具土大神」で、火災が起こると秋葉大権現が天狗の姿で現れ、羽うちわで火消しするという伝承もある。

浜松市天竜区春野町領家 841　☎053-985-0111
■拝観時間：自由　■駐車場：300 台

▲火まつりでは、秋葉山本宮秋葉神社だけに伝承された、弓の舞・剣の舞・火の舞の三舞が舞殿で奉納される

▲3枚の皿に願い事を記入し、投射所から的に向かって投げ入れる。うまく入れば願いが叶うかも？

▲「天狗の皿投げ」500円

秋葉茶屋の限定グルメ

「黄金らすく」
10 枚 880 円
秋葉神社上社の黄金の鳥居をイメージしたラスク。味は三ケ日みかん味。

「秋葉そば／うどん」
1000 円（写真左）
手のひらサイズの地元産しいたけをぜいたくに使用。「大椎茸天重」（950 円・写真右）も人気。

「秋葉の御利益氷」
500 円
抹茶味のかき氷に、名物の「御利益だんご」が添えられた一品。夏季限定。

秋葉茶屋

境内にある食事処。地元特産の大椎茸を使用したそばやうどんなどの軽食が味わえ、土産屋では浜松の名産や銘菓のほか、神社オリジナル商品が並ぶ。

☎053-985-0233　■営業時間：売店 10:00 ～ 15:00（土日祝 9:30 ～ 15:30）、食堂 11:00 ～ 14:00（土日祝 10:30 ～ 14:30）　■休日：火～木曜日

▲9門あるローラーゲートは世界最大級で、1門の大きさが高さが15.3m・幅20mある

船《ふな》明《ぎら》ダム

天竜川のダムのうち最も下流に位置する、発電および農業・工業・上下水道用水のダム。穏やかな湖面のため、カヌー競技や屋形船遊覧運航などが行われている。

浜松市天竜区船明　☎053-588-6071（電源開発株式会社天竜事務所）　■駐車場：270 台

●森・天竜の立ち寄りどころ

栄正堂

あんこ餅をシソの葉で包み蜜をかけた和菓子「梅衣」は森町銘菓。

周智郡森町森 584-1　☎0538-85-2517
■営業時間：8:00 ～ 18:00（冬期 17:00）　■休日：水曜日
■駐車場：5 台

太田茶店

赤い急須が目印。お茶に合う甘味が楽しめる。

周智郡森町一宮 3822　☎0538-84-2020
■営業時間：9:00 ～ 16:00 ■休日：火曜日　■駐車場：50 台

浜松市秋野不矩美術館

秋野不矩を中心とする作品約330点を所蔵。

浜松市天竜区二俣町二俣 130　☎053-922-0315
■営業時間：9:30 ～ 17:00（最終入館 16:30）　■休日：月曜日（祝日の場合は翌日）、年末年始、展示替え・館内保守日など
■所蔵品展観覧料：大人 310 円、高校生 150 円、中学生以下・70 歳以上無料（特別展は別料金）　■駐車場：50 台

納涼亭

天竜川を眺めながら、ウナギ、アユ、イワナなどを味わえる。
浜松市天竜区二俣町鹿島 1-10
☎053-925-2238
■営業時間：11:00 ～ 14:00
　　　　　17:00 ～ 20:00（LO）
■休日：月曜日（祝日の場合は翌日）
　　　月 1 回火曜日
■駐車場：30 台

あらたまの湯

「美肌の湯」は肌なじみが良くすべすべになると評判。

浜松市浜名区四大地 9-921　☎053-582-1126
■営業時間：9:00 ～ 21:00（最終受付 20:00）
■休日：月曜日　■料金：大人（中学生以上）730 円 、小学生 360 円
■駐車場：148 台

▲秋の紅葉と浜松城

浜松コース

家康ゆかりの地と湖畔の絶景を巡る

静岡県西部、遠州地方の沿岸部に位置し、県内最大の人口を有する浜松市。賑やかな行楽地としての顔と、風光明媚な景勝地の顔をあわせ持つ浜名湖を中心に、多彩な自然に恵まれている。また、古い歴史をもつ遠州には古寺や名刹が多く、家康公ゆかりの浜松城や井伊家の菩提寺など、歴史的スポットも豊富。出世の街・浜松で、家康公の軌跡と戦国の歴史を感じながら、心ゆさぶられる絶景に会いに行こう。

モデルコース

START
東名三方原 SIC
↓ 6.4km（17分）
❶浜松城公園
↓ 14.4km（29分）
❷弁天島海浜公園
↓ 12.5km（17分）
❸かんざんじロープウェイ
↓ 11.1km（18分）
❹龍潭寺
↓ 7.3km（10分）
GOAL
新東名浜松いなさ IC

走行距離／51.7km
走行時間／1時間31分

① 浜松城公園 周辺

浜松城公園

▲1958（昭和33）年に再建された天守閣。内部の展示は2021（令和3）年にリニューアル

浜松市の中心部にある豊かな緑に囲まれた公園。青壮年期の家康公が 17 年間過ごした浜松城を中心に、日本庭園や茶室、芝生広場などがあり、市民の憩いの場として親しまれている。

浜松市中央区元城町 100-2
☎天守閣 053-453-3872　駐車場 053-457-0088
■営業時間：天守閣 8:30 ～ 16:30　駐車場 8:00 ～ 21:30
■休日：年末年始　■料金：天守閣：大人 200 円、中学生以下・70 歳以上無料　■駐車場：約 220 台（有料）

毎週日曜は出世大名家康くんも登場！

若き日の家康に会いに行く！野望とロマン溢れる「出世城」

家康が青年期を過ごした城として知られる浜松城。素朴で荒々しい「野面積み」の石垣が有名で、約400年の風雪に耐えた城の面影と時の流れを感じることができる。また、浜松城の前身である引間城跡（元城町東照宮）にも寄ってみよう。かつて豊臣秀吉も初めて仕えた松下氏と共に訪れたのがこの引間城であるとされ、境内には若き家康と秀吉の像が並んで建っている。まさに、史上最強のパワースポットと言っても過言ではないだろう。

家康公が武田信玄と戦った三方ヶ原の合戦を映像で紹介▶

◀自然石を上下に組み合わせて積む「野面積み」の石垣

▲当時の様子を再現したリアルなジオラマ

▲貴重な資料が展示されている

犀ヶ崖資料館

三方ヶ原の戦いと、その戦没者の霊を鎮めるために始められたという無形民俗文化財の「遠州大念仏」を解説する資料館。この合戦での戦死者を祀った宗円堂が前身となっている。

浜松市中央区鹿谷町 25-10　☎053-472-8383
■営業時間：9:00 ～ 17:00
■休日：月曜日（祝日の場合は翌日）、祝日の翌日、年末年始　■駐車場：6 台

▲「出世神社」と呼ばれ、多くの参拝者が訪れている

元城町東照宮

家康が浜松城を築くまでの間、生活していたとされる引間城跡に創建された神社。豊臣秀吉も訪れたとされ、2 人の武将を天下人へと導いた場所といわれている。

浜松市中央区元城町 111-2　☎053-452-3001（五社神社）
■駐車場：浜松城公園駐車場を利用

② 弁天島海浜公園 周辺

浜名湖の玄関口・弁天島と唯一現存の関所を訪れる

遠州灘から浜名湖につながる玄関口の弁天島。南岸は海浜公園として整備されており、まず目に入ってくるのは湖上に立つ高さ18mの赤い鳥居型のシンボルタワー。青い海との対比が美しく、南国ムード漂う遊歩道では浜名湖のレイクビューを横目に散策が楽しめる。近隣の浜名湖体験学習施設ウォットでは、実際に魚を触れるゾーンもあり、浜名湖の自然をより体感できそうだ。国指定特別史跡の新居関所は、全国で唯一の現存する関所建物。役人による検問が再現されており、当時の様子が分かるのもおもしろい。

浜名湖体験学習施設 ウォット

浜名湖の生き物と直接触れ合える体験型の展示施設。生き物たちの生態環境をシアターや写真パネルなどで詳しく展示・紹介している。

浜松市中央区舞阪町弁天島 5005-3
☎053-592-2880
■営業時間：9:00 ～ 16:30（最終入館 16:00）
■休日：月曜日（祝日の場合は翌日）、年末年始
※GW・夏休み期間は無休
■料金：大人 320 円、高校生以下・70 歳以上無料
■駐車場：浜松市営渚園駐車場（有料）を利用

天井まで曲線を描く大▶水槽では、サメやエイなど遠州灘や浜名湖に生息する魚を展示。

◀設置当初は浜名湖の今切口近くにあったが、2度の移転を経て、1707（宝永4）年の大地震の翌年に現在地へ移った

新居関所

1600（慶長 5）年に家康公により創設され、約 100 年間幕府直轄として最高の警備体制が敷かれていた関所。併設の史料館では、関所ゆかりの資料などを常設展示している。

湖西市新居町新居 1227-5　☎053-594-3615
■営業時間：9:00 ～ 16:30
■休日：月曜日（祝日の場合は開館）、年末年始　※ 8 月は無休
■料金：大人 400 円、小・中学生 150 円　■駐車場：30 台

海湖館 牡蠣小屋

新居ブランドの牡蠣「プリ丸」を味わえるお店。焼き牡蠣のほか、フライや牡蠣ご飯など多彩なメニューが楽しめる。

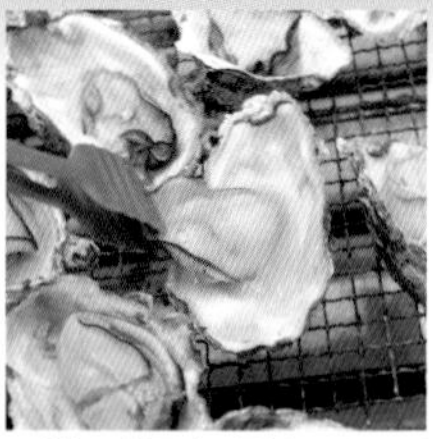

▲「焼き牡蠣（3 個）」1100 円

湖西市新居町新居官有無番地
☎090-8186-1217
■営業時間：冬期（12～3 月）
10:00 ～ 15:00（土日祝は 9:00 ～）
※牡蠣がなくなり次第終了
■休日：月曜日（祝日の場合は翌日）、年末年始　■駐車場：400 台

弁天島海浜公園

浜名湖の自然景観に恵まれた海浜公園で、シンボルタワーの赤い鳥居が目印。園内はヤシの木が立ち並び、リゾート感たっぷりのレジャースポットとなっている。

浜松市中央区舞阪町弁天島 3775-2　☎053-592-0757
■休日：なし　■駐車場：297 台

海水浴や釣り、いかり瀬への渡船、磯遊びなどさまざまなレジャーが楽しめる弁天島

▲ぐんぐん登って眼下に浜名湖が広がっていく景色は、気分を開放的にさせてくれる

かんざんじロープウェイ

遊園地「浜名湖パルパル」から大草山の頂上までの全長723mを約4分で結ぶロープウェイ。山頂には遊歩道が整備され、緑豊かな自然や展望台からの絶景を満喫できる。

浜松市中央区舘山寺町1891　☎053-487-2121
■営業時間：9:00～17:00(季節により変動あり)　■休日：不定休
■料金：往復／大人(中学生以上)1100円、子ども(3歳以上)550円
■駐車場：1回1台1000円(満車時は浜名湖パルパルの駐車場へ)

◀冬には初日の出クルーズ、夏には花火クルーズなどの企画もある

浜名湖遊覧船

浜名湖を周遊する観光遊覧船。四季を通して移り変わる美しい景色を湖上から楽しめる。車の場合は駐車場完備のフラワーパーク港からの乗船が便利。

浜松市中央区舘山寺町2226-1(かんざんじ港)
☎053-487-0228　■営業時間：9:00～16:00(季節により変動あり)
■休日：なし　■料金：大人(中学生以上)1600円、子ども(小学生以下)800円※未就学児は大人1人につき1人無料　■駐車場：100台

空中と湖面から浜名湖の大自然を満喫

舘山寺は浜名湖北岸の風光明媚な観光地。ロープウェイから眺める３６０度のパノラマは、浜名湖の穏やかな湖面、緑あふれる大草山、遠くには太平洋と見ごたえ十分。日本で唯一湖上を渡り、空気が澄んでいる時期は、大草山展望台から遠く富士山を望めることも。浜名湖の四季折々の美しい景観を湖面から眺めるなら、浜名湖遊覧船に乗るのもおすすめ。遊覧船の乗り場近くのはままつフラワーパークで、特に注目したいのは１５０ｍにも連なる藤棚。頭上に咲き誇る紫と白の長い花房を仰ぎ見ながら、香りと共に優雅な散策を。

◀地上40mに浮かぶ屋上露天風呂「飛天」

舘山寺サゴーロイヤルホテル

浜名湖畔に面した温泉リゾートホテル。屋上に造られた古代檜の露天風呂「飛天」では、湯船に浸かりながら浜名湖随一の絶景が楽しめる。日帰り温泉と昼食がセットになったプランも。

浜松市中央区舘山寺町3302　☎053-487-0711
■営業時間：11:00～18:00(最終入館17:00)
■休日：火・水曜日　■料金：日帰り温泉大人(中学生以上)1300円、子ども(3歳以上)650円　■駐車場：150台

▲4月中旬～5月初旬に見ごろを迎える藤棚

150mの小径の両側▶にカラフルな花々が広がる「スマイルガーデン」

はままつフラワーパーク

浜名湖畔の自然の地形を活かして作られた世界の花のテーマパーク。30万㎡の広大な園内では、桜やチューリップ、花しょうぶなど、3000種の四季折々の植物が鑑賞できる。

浜松市中央区舘山寺町195　☎053-487-0511
■営業時間：9:00～17:00(季節により変動あり)
■休日：なし※12月29～31日は施設点検のため休園
■料金：大人無料～1000円、中学生以下無料～500円(季節により変動あり)　■駐車場：586台

④ 龍潭寺 周辺

古刹と神秘の洞窟が佇む 遠州の奥座敷へ

「遠州の奥座敷」と呼ばれる奥浜名湖は、東西文化の橋渡しとなった歴史深い場所。湖北五山の一つである龍潭寺は井伊家の菩提寺で、国指定名勝の庭園は小堀遠州作。本堂北側の座敷に腰を下ろして心静かに眺めたい。同じく湖北五山の方広寺では、鎮座する五百羅漢が参拝者を出迎える。自分の顔にそっくりなものが必ずあるというのでぜひ探してみては。また、奥浜名湖と言えば東海最大級の鍾乳洞、竜ヶ岩洞抜きには語れない。落差30ｍの「黄金の大滝」の勢いは圧巻。自然の造形美を体感しよう。

▲国指定名勝の庭園。横に長い池泉は心字池になっていて、築山にはサツキやツツジなど四季折々の花が咲く

◀御朱印帳（2000円～）やお守り（650円～）などが寺内で販売されている

龍潭寺

井伊直虎ゆかりの寺であり、井伊家1000年の歴史を伝える臨済宗の古刹。江戸時代初期に小堀遠州によって造られた池泉観賞式庭園は、国指定の名勝。

浜松市浜名区引佐町井伊谷 1989　☎053-542-0480
■拝観時間：9:00 ～ 16:30
■休日：8月15日、12月22 ～ 27日
■料金：大人 500円、小・中学生 200円　■駐車場：60台

◀洞窟のはるか天上から勢いよく流れ落ちる地底の滝「黄金の大滝」

竜ヶ岩洞

およそ2億5千万年前の地層と言われる石灰岩地帯に形成された東海地方最大級の鍾乳洞。洞内の年間平均気温は 18℃で、夏は涼しく冬は暖かいため季節を問わず快適に楽しめる。

浜松市浜名区引佐町田畑 193　☎053-543-0108
■営業時間：9:00 ～ 17:00　■休日：なし
■料金：大人 1000円、小・中学生 600円　■駐車場：500台

方広寺

臨済宗方広寺派の大本山で、東海地方を代表する禅寺。広大な敷地内に大本堂、半僧坊真殿、開山堂、三重塔などがあり、そのうち22の建物は国の登録有形文化財に指定されている。

浜松市浜名区引佐町奥山 1577-1　☎053-543-0003
■拝観時間：9:00 ～ 16:30（最終受付 16:00）　■休日：なし
■料金：大人 500円、小・中学生 200円　■駐車場：300台

▼レンコンや山芋でうなぎを模した「方広寺精進うな重」1800円

▲座禅や写経などの禅体験もできる

▲本堂の大きさは東海最大級。中央の山号は山岡鉄舟居士の揮毫

●浜松の立ち寄りどころ

喜慕里《きぼり》

行列必死の浜松餃子の人気店。パリッとした薄皮の餃子は絶品！

浜松市中央区増楽町 563-3　☎053-447-5737
■営業時間：11:30～14:30(LO14:20)、16:30～21:00(LO20:50)
■休日：木曜日、第３水曜日　■駐車場：11 台

山本亭

舞阪や雄踏など複数の漁港から、種類豊富な海の幸を取りそろえる。

浜松市中央区舞阪町弁天島 3212-3　☎053-592-1919
■営業時間：11:30～14:30、16:30～22:00(LO21:00)
■休日：木曜日(水曜日不定休)　■駐車場：16 台

魚あら

1912（大正元）年創業の老舗。ぷりぷりのエビが３本ものった「活天丼」が看板メニュー。

浜松市中央区舞阪町舞阪 2119-12
☎053-592-0041
■営業時間：11:00～14:00(LO)
16:30～20:00(LO)
■休日：月曜日（祝日の場合は営業）
※月１回連休あり
■駐車場：35 台

卯月園

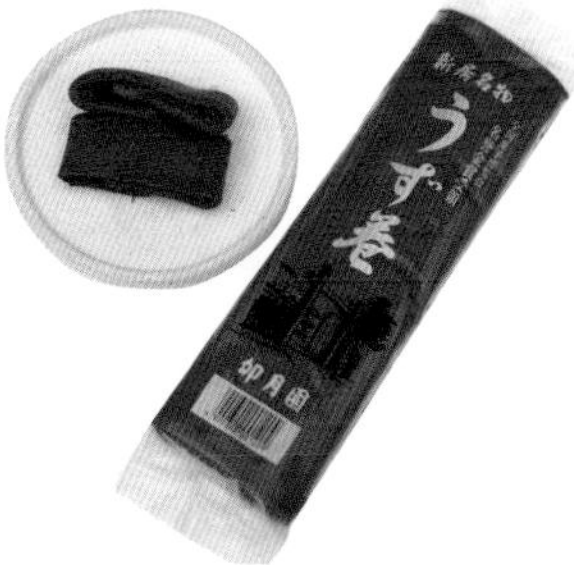

看板商品の「うず巻」は、黒糖が香るもちっとした食感が特徴の銘菓。

湖西市新居町新居 1293
☎053-594-0267
■営業時間：9:00～13:00
■休日：水曜日
■駐車場：１台

清水家

三代続く奥浜名湖を代表するうなぎの名店。

浜松市浜名区細江町気賀 238-2　☎053-522-0063
■営業時間：11:00～16:00(LO15:00)※売り切れ次第閉店する場合あり
■休日：水曜日　※月１回連休あり　■駐車場：25 台

▲絹糸のように流れる水と青空のコントラストが美しい白糸の滝

富士宮コース

清流に誘われ、富士の名瀑を訪ねる

世界文化遺産の富士山がシンボルの富士宮市。富士山の麓には富士山本宮浅間大社や田貫湖《たぬきこ》など人気の観光地も多く、中でも国の天然記念物であり「日本の滝百選」にも選ばれている白糸の滝をはじめとした名瀑の数々は見逃せない。滝の流れる音や水しぶきには、自律神経を整え心を安定させる効果があるともいわれる。澄んだ空気と広大な自然は、多忙な日常を忘れさせてくれるはず。

モデルコース

START
新東名新富士 IC
↓ 8km（18 分）
❶富士山本宮浅間大社
↓ 11.5km（19 分）
❷白糸の滝
↓ 5.4km（9 分）
❸田貫湖
↓ 5km（9 分）
❹陣馬の滝
↓ 24.1km（37 分）
GOAL
新東名新富士 IC

走行距離／ 54km
走行時間／ 1 時間 32 分

▲湧玉池は、富士山の伏流水が直接地下から湧き出ているためとても清らか

▲朱塗りの鮮やかな本殿。本殿・拝殿・楼門は1604（慶長9）年に徳川家康の寄進によって建立された

◀▲授与所には、富士山をモチーフにした絵馬やお守りがある
「袋守」1000円
「富士山絵馬」500円

❶ 富士山本宮浅間大社 周辺

御神体は富士山 最強パワースポットを巡る

日本の象徴・富士山を御神体とする富士山本宮浅間大社は、全国1300余ある浅間神社の総本宮だ。全国で唯一の2階建ての本殿には、かつての大宮司家であった富士氏の家紋「棕櫚紋」が随所に施され、格式の高さがうかがえる。左右に並ぶ灯篭と、一直線に伸びた参道、その先に佇む拝殿は美しいの一言。参拝後は、大社からすぐのお宮横丁へ。横丁名物の御くじ餅や富士宮焼きそばなどご当地グルメが楽しめる。

富士山本宮浅間大社

駿河国一宮であり、東海地方最古の社。本殿と拝殿を幣殿で結んだ浅間造りの社殿に、木花之佐久夜毘売命（このはなのさくやひめのみこと）を祀る。境内には国指定特別天然記念物の湧玉池がある。

富士宮市宮町 1-1　☎0544-27-2002
■拝観時間：5:00 ～ 20:00 ※季節により異なる
■駐車場：125 台

静岡県富士山世界遺産センター

世界文化遺産に登録された「富士山」にフォーカスした施設。1階から5階をつなぐらせんスロープでは、壁面に投影される映像を見ながら富士登山を疑似体験できる。

富士宮市宮町 5-12　☎0544-21-3776
■営業時間：9:00 ～ 17:00（7・8 月は 18:00 まで）※最終入館は閉館 30 分前　■休日：第 3 火曜日、施設点検日、年末
■料金：常設展 一般 300 円、15 歳未満・70 歳以上・学生・障害者等無料（要証明）
■駐車場：富士宮市営神田川観光駐車場（有料）を利用

▼展示棟は、富士ヒノキを使用した木格子と逆円すい形のユニークなフォルムが特徴

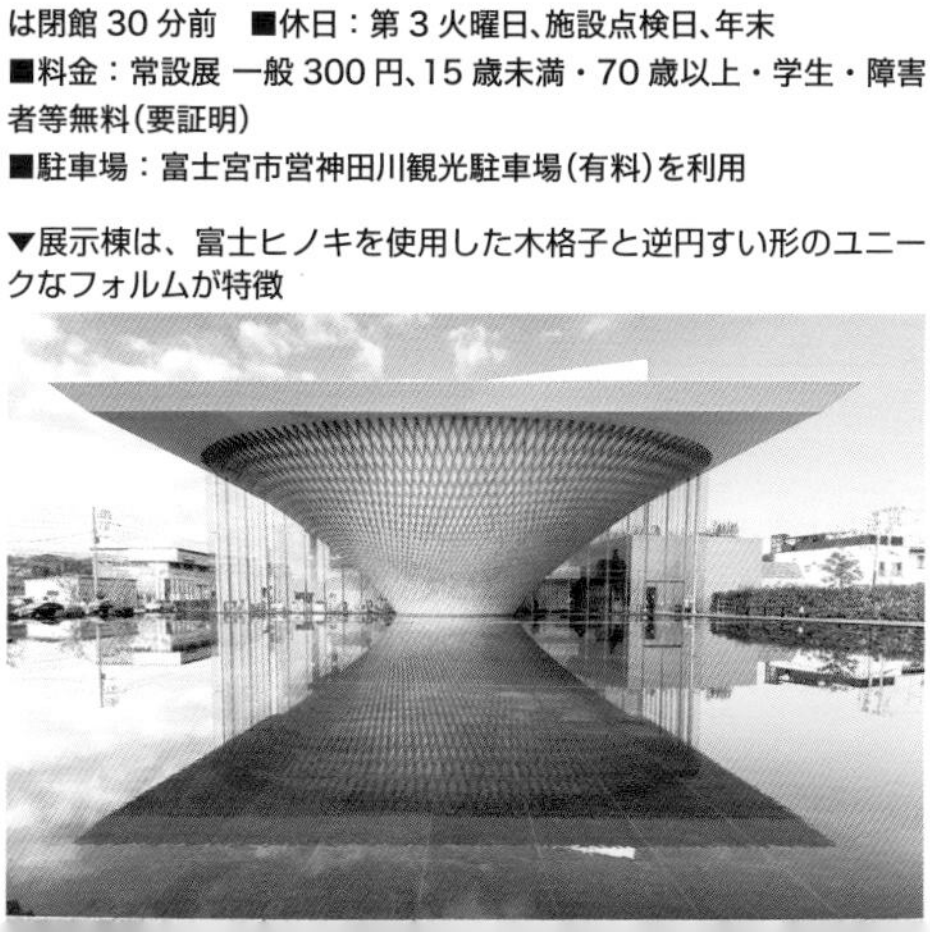

お宮横丁グルメも注目

御くじ餅本舗

富士宮市宮町 4-23　☎0544-66-6008　■営業時間：10:00 ～ 16:00　■休日：なし

「御くじ餅」2 個入 330 円、6 個入 900 円

紅白のあんをやわらかな餅でくるんだおみくじ付きの生菓子。徳川家康公が社殿を奉納したときに振る舞った祝い餅に由来する。

富士宮やきそばアンテナショップ

富士宮市宮町 4-23　☎0544-22-5341　■営業時間：10:00 ～ 17:00　■休日：なし

「富士宮やきそば」並 550 円、大 750 円

ご当地グルメの祭典「B-1 グランプリ」初代王者。もちもち麺に肉かす、イワシの削り節が入り癖になる味わい。

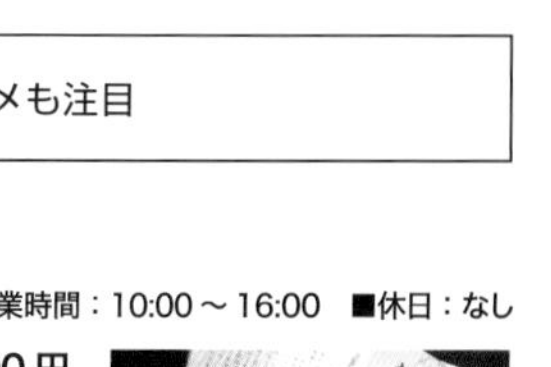

② 白糸の滝 周辺

白糸の滝

富士山の湧き水が岩壁のあちこちから白糸のようになって流れ落ちる高さ約20m、幅約150mの滝。かつては富士講信者を中心とした修行の場だった。

富士宮市上井出
☎0544-27-5240（富士宮市観光協会）
■駐車場：105台

水辺に降りて、水に触れることも可能。水温▶は年間通して12度と冷たく、夏は涼を求めて多くの人が訪れる

繊細さと豪快さ 2つの対照的な滝に出会える

世界遺産富士山の構成資産にもなっている白糸の滝と音止の滝。白糸の滝は馬蹄形に広がる崖の淵から流れ落ち、まるで美しい糸が垂れるような繊細な光景が広がる。滝壺はエメラルドグリーンに透き通り、周囲の緑と相まって、自然が生み出す壮観な姿を堪能できる。一方、音止の滝は豪快そのもの。轟音を響かせながらダイナミックに流れる太い滝は大迫力！周辺エリアはリニューアルされ、おしゃれなカフェなどもオープンしている。

▲高さ約25mの絶壁から滝水が力強く落ちていく様子は圧巻

音止の滝

白糸の滝の東側、芝川の本流にかかる高さ約25m、幅約5mの滝。日本三大仇討ちの一つ「曾我兄弟の仇討ち」伝説に由来している。

▲アウトドアグッズや富士山グッズも販売されている

◀「ヨーグル豚の厚切り生姜焼きプレート」1360円

入り口のテラス席は▶ペットOK。テント型のハンモックもある

SHIRAITO GENERAL STORE

白糸の滝売店エリアにあるカフェレストラン。地元食材を使ったBBQプレートや自家製レモネード、アメリカンシェイクなどが味わえる。

富士宮市上井出266-4　☎0544-21-3360
■営業時間：10:30～16:30
■休日：水曜日　■駐車場：白糸の滝観光駐車場（有料）を利用

③ 田貫湖 周辺

四季折々の変化が美しい
湖面に映る富士の姿をキャッチ

富士山の絶景を楽しむ上で外せないのが、湖面に映る「逆さ富士」が美しい田貫湖だ。重厚感のある山肌が眼前にそびえ立つ姿は、圧倒的な迫力。湖岸は遊歩道が整備されており、いろいろな角度から富士山を眺められるのもうれしい。田貫湖北側に位置する小田貫湿原は、富士山南麓唯一の低層湿原。珍しい昆虫や植物などを間近に見ることができ、野鳥のさえずりをBGMに散策するのも一興だ。

▲木道を通って、貴重な生物や植物を観察できる

小田貫湿原

静岡県側の富士山麓では唯一の低層湿原。大小125余の池が点在しており、63種の植物、29種のトンボ、72種のチョウなどが観察できる。

富士宮市猪之頭字菅ノ沢 2267
☎0544-22-1155（富士宮市観光課）
■駐車場：20 台

▲「バターチキンカレー」800円

田貫湖 瓔《えい》珞《らく》の家 なごみ処　え・ん

田貫湖キャンプ場管理棟内のレストラン。名物の富士宮焼きそばや濃厚ソフトクリームが人気。

富士宮市佐折 634-1　☎0544-52-0155
■営業時間：10：00～14：00　■休日：水曜日

田貫湖

元々あった小さな沼地を拡大させた人造湖。春の桜や秋の紅葉など、雄大な富士山をバックに美しい風景画が広がる。ヘラブナ釣りのメッカとしても全国的に有名。

富士宮市佐折 634-1
☎0544-27-5240（富士宮市観光協会）
■駐車場：250 台

▼湖面に映る「逆さ富士」の眺めは見事

④ 陣馬の滝 周辺

陣馬の滝

源頼朝が1193(建久4)年に行った富士の巻狩の際、滝の近くに一夜の陣を敷いたことが名前の由来。保存湧水地として指定されており、湧水は自由に汲むことができる。

富士宮市猪之頭
☎0544-27-5240(富士宮市観光協会)
■駐車場：20台

◀滝壺の水の透明度は抜群で、周囲の岩の造形を含め全体的な景観も印象的

湧水の恵みを求めて 頼朝ゆかりの名水の地へ

陣馬の滝は、五斗目木川にかかる素朴で美しい滝。駐車場から遊歩道を道なりに進むと、豊かな自然に囲まれた神秘的な光景が姿を現す。高さ約5mと落差は小さいが、約25mの幅があることに加え、主瀑だけでなく周囲の岩からも絶え間なく水が湧き出しており中々の見応えだ。周囲にはこの湧水を利用した養鱒場があり、富士養鱒場では広大な敷地で約20万尾のニジマスを飼育している。釣り体験もできるので、富士の湧水が育てた自然の恵みを味わってみては。

富士養鱒場

富士箱根伊豆国立公園内にある養鱒場。養殖池でニジマス養殖の様子を見学できる。そのほか、イワナやアマゴ、チョウザメなどが泳ぐ水槽やパネル展示も。

富士宮市猪之頭579-2　☎0544-66-3131
■営業時間：9:00～16:30(最終入場16:00)　■休日：年末年始
■料金：大人300円、小・中学生100円　■駐車場：50台

▲釣り体験(一竿1800円)は、餌や仕掛けもついてくるので手軽に楽しめる

▲富士山の湧水で育ったニジマスは、臭みがなく美味。刺身や塩焼きでいただこう

朝霧高原の広大な敷地に、お茶・お菓子・乳製品・酒などの各工房が点在する▶

◀新鮮野菜やニジマス料理などの地元食材を味わえるビュッフェレストラン

あさぎりフードパーク

特産品の工場見学などが楽しめる食のテーマパーク。地産地消型バイキングのレストランをはじめ、酒造、芋工房、茶工房など、各工房の自慢の味が堪能できる。

富士宮市根原449-11　☎0544-29-5101
■営業時間：9:30～16:30(12～2月9:30～16:30)
■休日：12～2月木曜日(祝日の場合は営業)　■駐車場：70台

●富士宮の立ち寄りどころ

space Wazo

築100年の古民家カフェ＆ギャラリー。

富士宮市野中 855-1　☎0544-27-7160　■営業時間：11:00～17:00
■休日：ギャラリー不定休、カフェ日～火曜日　■駐車場：10 台

JA ふじ伊豆ファーマーズマーケット　う宮～な

地場・国産の農畜産物が勢ぞろいの大型直売所。

富士宮市外神 123　☎0544-59-2022　■営業時間：8:30～ 16:00
■休日：火曜日（祝日の場合は営業）、年末年始　■駐車場：100 台

まかいの牧場

自然や動物とふれあえる体験型の牧場。

富士宮市内野 1327-1　☎0544-54-0342
■営業時間：9:30～17:30（10 月21日～2 月20日は 16:30 まで）
■休日：4～11 月不定休（12～3 月中旬は水・木曜日※不定休あり）
■料金：大人（中学生以上）1200 円、小学生 900 円※12 月～ 2月はそれぞれ 200 円引き　■駐車場：500 台

COW RESORT IDEBOK

牧場で牛を眺めながら食事ができるダイナー。

富士宮市人穴 728　☎0544-52-3697
■営業時間：10:00～ 17:00（土日祝は 18:00 まで）
■休日：12～2 月水曜日　■駐車場：50 台

奇石博物館

日本初の石の総合博物館。

富士宮市山宮 3670　☎0544-58-3830
■営業時間：9:00～ 16:45（最終入館 16:15）　■休日：水曜日
■料金：大人 700 円、小・中・高生 300 円　■駐車場：200 台

▲御浜岬の先端に鎮座する諸口神社

沼津コース

駿河湾の美味を求め 3つの港町を旅する

富士山の南に位置し、伊豆半島と箱根の玄関口となる沼津市。都心からのアクセスが良く、気軽に行ける旅先として注目の観光地だ。沼津といえば欠かせないのが、水深2500mを誇る日本最深の海・駿河湾で獲れる海の幸の数々。アジやサバなど定番の魚はもちろん、他ではなかなかお目にかかれない珍しい深海魚が味わえるのもこの地の魅力。情緒あふれる港町を旅しながら、駿河湾の旬の味覚を思う存分堪能しよう。

モデルコース

START
東名沼津 IC
↓ 8.5km（21分）
❶沼津港
↓ 11.3km（21分）
❷内浦港
↓ 21.9km（32分）
❸戸田港
↓ 21.2km（34分）
❹修禅寺
↓ 1km（3分）
GOAL
修善寺道路・修善寺 IC

走行距離／63.9km
走行時間／1時間51分

▲夜になるとライトアップされ、フォトジェニックな水門に早変わり！

沼津港大型展望水門びゅうお

東海地震の津波対策の一環として2004（平成16）年に完成した水門。津波をシャットアウトする扉体は、幅40m、高さ9.3m、重量は406tもある。

沼津市千本1905-27　☎055-963-3200
■営業時間：10:00～20:00（木曜日は14:00まで）■休日：なし
■料金：大人100円、小・中学生50円　■駐車場：30台

◀周辺には、獲れたての鮮魚を味わえる食事処も多数ある

① 沼津港 周辺

絶景も魚介もいいとこ取り！一日満喫できる複合型観光地

沼津港は、静岡県2位の水揚げ量がある漁港。沼津港のシンボル・びゅうおは、日本最大級の水門施設だ。地上30ｍの展望回廊からは360度の眺望を楽しめ、富士山、南アルプス、大瀬崎などを見渡せる。世界初の深海に特化した水族館・沼津港深海水族館の目玉は、「生きる化石」と呼ばれるシーラカンスの剥製や冷凍個体。隣接の飲食街・港八十三番地は、〝駿河湾を味わう町〟がコンセプトで、深海魚バーガーや丼ぶりなどを楽しめる。沼津港に来たなら深海魚を見るだけでなく食べてみるのも記念になりそう。

沼津漁師めし食堂

漁師の店主が沼津港で目利きした新鮮な地魚をぜいたくに使用した丼や定食が人気。定食注文でみそ汁と香物がおかわり自由。

沼津市千本港町80　☎055-964-1055
■営業時間：10:00～16:00
（土日祝は17:00まで）
■休日：なし　■駐車場：なし

赤エビ、本ズワイガニ、生ウニ、イクラなど豪華ネタが勢ぞろいの「漁師の富士盛り贅沢丼」2777円▶

◀地元名産の生サクラエビ、生シラス、アジのたたきをのせた「ぬまづ三食丼」

さかなや千本一

カウンター席、テーブル席、個室座敷があり、奥のテーブル席からは富士山や駿河湾を眺めながらゆっくり食事ができる。

沼津市千本港町101 千本一ビル
☎055-952-0025
■営業時間：平日11:00～15:00（LO14:30）、
土日祝10:30～15:00（LO14:30）
■休日：なし　■駐車場：なし

浜焼きから寿司、バーガーなど個性豊かな店舗が揃う「港八十三番地」▶

▲駿河湾に生息する深海生物が鑑賞できる「駿河湾大水槽」

沼津港深海水族館～シーラカンス・ミュージアム～

日本一深い駿河湾や世界中の深海生物を常時100種類以上展示している。水族館の周りでは、ライド型シューティングアトラクションや最新のVRアトラクションも楽しめる。

沼津市千本港町83　☎055-954-0606　■営業時間：10:00～18:00（最終受付17:30）
■休日：なし（1月施設メンテナンス日あり）■料金：大人1800円、小・中学生900円、幼児（4歳以上）400円　■駐車場：なし（周辺有料駐車場を利用）

②内浦港 周辺

後北条氏の水軍拠点の地で日本一の活あじを食す

日本一の生産出荷量を誇る養殖真アジ「活あじ」の産地として知られる沼津内浦。いけすやでは、養殖歴50年以上の熟練漁師たちが育てた一級品の活あじを、目の前の海から生きたまま運んで調理するので、鮮度の良さは段違い。周辺は素朴で静かな港町だが、湾内には戦国時代に関東一円を治めた後北条氏の水軍の拠点である長浜城跡や、イルカのショーが楽しめる伊豆三津シーパラダイスなどもあり、食に、体験にと満足できるはず。

内浦漁協直営いけすや

自慢の養殖アジを中心とした活アジ料理は全 9 種。週末は特に混み合うので、9 時から配る整理券を早めにもらって、食堂のオープンまで周辺を観光するのもおすすめ。

沼津市内浦小海 30-103　☎055-943-2223
■営業時間：食堂 11:00 〜 15:00(LO14:30)、
　物販 9:00 〜 16:00
■休日：水・木曜日　■駐車場：50 台

直売所が併設されており、アジやサバの干物などの土産も購入できる ▶

▲身のふわふわ食感と衣のサクサク食感が絶妙！一番人気の「活あじふらい定食」並サイズ1430円（サイズにより金額に変動あり）

▲「二食感活あじ丼」1320円は、〆たての活あじと一晩熟成させた活あじの違いを楽しめる

▲晴れた日は内浦湾や富士山、淡島を見ることができる

長浜城跡

4 つの曲輪と 15 の腰曲輪で構成された連郭式の城郭跡。国の指定文化財であり、毎年 5 月に「長浜城北条水軍まつり」も開催されている。

沼津市内浦重須
☎055-934-4747（沼津観光戦略課）　■駐車場：5 台

◀魚と遊べる水遊びプール「いそあそび〜ち」

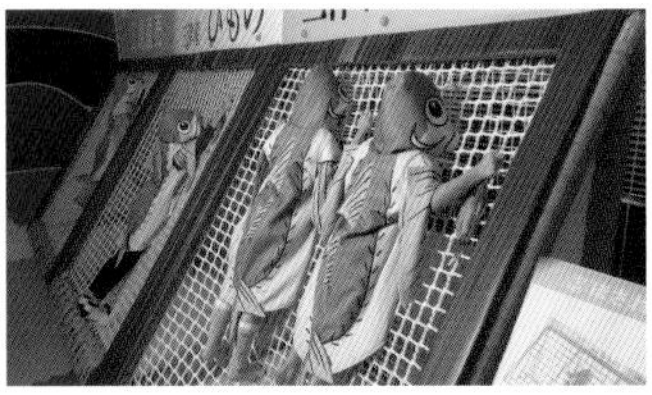

アジが食卓に並ぶまでを疑似体験できる「あじっこパラダイス」▶

▲イルカショーは、バックに富士山が見えたらシャッターチャンス！

伊豆・三津シーパラダイス

海の世界に自ら入りこむことをコンセプトにした水族館。イルカやアシカなどド迫力&ユニークなショーは必見。遊びながら学べるキッズコーナーなど楽しさ満載だ。

沼津市内浦長浜 3-1　☎055-943-2331
■営業時間：9:00 〜 17:00（最終入館 16:00）　■休日：なし（冬期施設メンテナンス日あり）
■料金：大人（中学生以上）2400 円、子ども（4 歳以上）1200 円　■駐車場：300 台

③戸田港 周辺

▲御浜岬と湾を挟んだ戸田の中心街からも、この神社の赤鳥居が見える

諸口神社

大漁と海上守護の神として崇められている弟橘姫命（おとたちはなひめのみこと）を祭神とする神社で、富士山と海の鋭気を授かる戸田のパワースポット。

沼津市戸田 2710　☎090-1781-1737（宮司）
■拝観時間：6:00 ～ 18:00
■駐車場：御浜岬公園駐車場を利用（海水浴シーズンは有料）

海に浮かぶ神秘の鳥居 深海魚の聖地・戸田

航海や漁業者の守護神として厚く崇拝されている諸口神社は、戸田《へだ》港に突出した御浜岬に鎮座している。海岸に進んでいくと見えてくる赤い鳥居は厳格さと美しさを併せ持ち、潮が満ちると、その鳥居がまるでエメラルドブルーの駿河湾に浮かんでいるような幻想的な雰囲気に包まれる。また、戸田を代表する深海生物と言えば高足ガニ。戸田の食堂では、専用の生け簀に生きたまま飼われていることが多く、実物を気軽に見ることもできる。見た目の迫力はもちろん、その郷土色豊かな味わいは、旅の思い出になること請け合いだ。

「ドン底丼」1320円は、深海魚の天ぷらが二段重ねになっている▶

丸吉食堂

地元の漁船で獲れた魚介類を「一船買い」で丸ごと買い上げるので、高足ガニや深海魚といった戸田の良質な魚介類を一年中楽しめる。

沼津市戸田 566-2　☎0558-94-2355
■営業時間：11:00 ～ 17:00　■休日：金曜日（祝日の場合は営業）
■駐車場：12 台

お食事処かにや

高足ガニ漁 50 余年を誇る「網元　光徳丸」直営店。オーダーごとに高足ガニを専用の生簀より取り出して調理するので鮮度は抜群だ。

▲高足ガニは足を広げると3m以上にもなる世界最大の甲殻類

沼津市戸田 354-4 2F　☎0558-94-2235
■営業時間：11:00 ～ 16:00　■休日：火曜日
■駐車場：30 台

▼カニの甘味ととろけるような食感がたまらない

▲毎週金曜日は特売も行っている

▲サザエ1kg1800円。刺身や壷焼で味わおう

戸田漁協直売所

▲「めひかり唐揚」980円

地元住民も御用達の戸田の台所。獲れたて鮮魚や地物のサザエ、伊勢海老、深海魚のメギスやメヒカリなどがそろう。

静岡県沼津市戸田 523-9　☎0558-94-2082
■営業時間：8:00 ～ 17:00
■休日：水曜日（GW 中は営業）　■駐車場：10 台

古き良きイギリスの街並みを再現した「イギリス村」。チューダー様式の建物が立ち並ぶ

修善寺虹の郷

日本庭園、イギリス村、フェアリーガーデン、カナダ村などさまざまなテーマのエリアが点在。花や風景が楽しめるほか、工作などの体験工房もある。

伊豆市修善寺 4279-3　☎0558-72-7111
■営業時間：10:00～17:00(10～3月は16:00まで)　■休日：火曜日
■料金：大人(中学生以上)1220円、子ども(4歳以上)610円　■駐車場：1000台

▲園内を走るロムニー鉄道と紅葉のコラボレーション

④ 修禅寺 周辺

伊豆の小京都・修善寺で秋の美景に心奪われる

修善寺を訪れるなら、断然秋をおすすめしたい。修善寺虹の郷では、自然の丘陵地を生かしたもみじ林をはじめ、和・洋風合わせて約2000本の紅葉を楽しめる。カナダ村やフェアリーガーデンにあるラクウショウやアメリカフウが黄金色に色づく姿は、さながら外国映画のワンシーンのよう。修善寺の地名の由来でもある古刹・修禅寺は、伊豆八十八ヶ所の結願寺としての趣が感じられる佇まい。大正天皇が「東海第一園」と仰せになった池泉回遊式庭園は、紅葉の時期に特別公開される。その見事さにきっと圧倒されるだろう。

▲写真や絵画になるほどのだるま山からの景観

だるま山高原レストハウス

展望台は富士山のビュースポットとして名高い。伊豆特産のわさびや黒米、伊豆ジビエの「イズシカ」を使ったメニューが好評。

伊豆市大沢 1018-1　☎0558-72-0595
■営業時間：10:00～17:00(LO16:30)
※10～3月は16:30(LO16:00)まで
■休日：火曜日、水曜日(不定休あり)
■駐車場：50台

「イズシカビビンバ丼」800円。修善寺名物の黒米の上に、しぐれ煮の鹿肉が贅沢に乗った一品

修禅寺

807(大同2)年に弘法大師・空海により創建された曹洞宗寺院。ご本尊は木造の大日如来像で、毎年11月に特別拝観が行われる。飲泉できる源泉かけ流しの手水舎にも注目。

伊豆市修善寺 964　☎0558-72-0053
■営業時間：売店 8:30～16:00(4～9月は16:30まで)
■休日：なし　■駐車場：なし(周辺有料駐車場を利用)

▲本堂の屋根に置かれている唐獅子と龍の鬼瓦は、2006(平成18)年の改修の際に新しく造られたもの。逆立ちをしているような唐獅子の姿は必見だ

●沼津の立ち寄りどころ

river view

狩野川の景色が魅力のカフェラウンジ。

沼津市上土町 100-1　☎055-952-2789　■営業時間：11:00 ～ 18:00
※ランチは 11:30～15:00　■休日：なし　■駐車場：100 台

静浦漁協直売所

静浦で獲れたひじきやシラスのスモークが人気。

沼津市獅子浜 243-1　☎055-931-3010
■営業時間：8:30 ～ 16:30
■休日：土・日・祝日　■駐車場：5 台

やまびこ

香り高い蕎麦と有機野菜の天ぷらが絶品。

伊豆市修善寺 3726-1
☎0558-72-7575
■営業時間：11:00 ～ 16:00(LO15:30)
■休日：金曜日　■駐車場：30 台

道の駅　くるら戸田

「壱の湯」では、源泉かけ流しの湯をワンコインで気軽に楽しめる。

沼津市戸田 1294-3
☎0558-94-5151
■営業時間：温泉 10:00 ～ 21:00
(最終受付 20:30)
売店・軽食 10:00 ～ 18:00
(LO17:30)
■休日：なし　■駐車場：42 台

Tagore Harbor Hostel

モダンな雰囲気のホテルラウンジ。

沼津市戸田 321-17
☎070-3247-3697
■営業時間：11:00 ～ 22:00(LO21:30)
※ランチは平日 14:00 まで
■休日：不定休　■駐車場：7 台

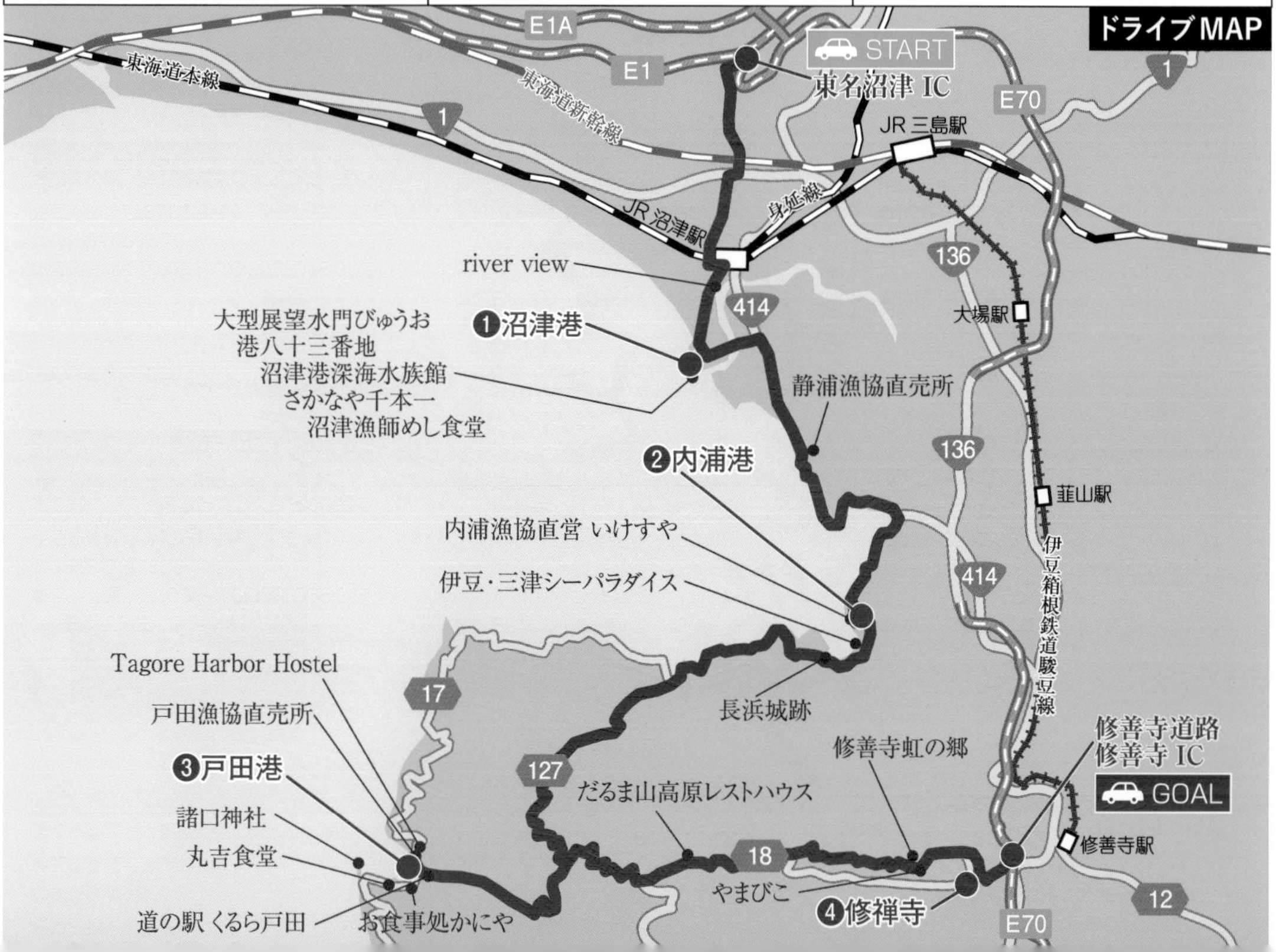

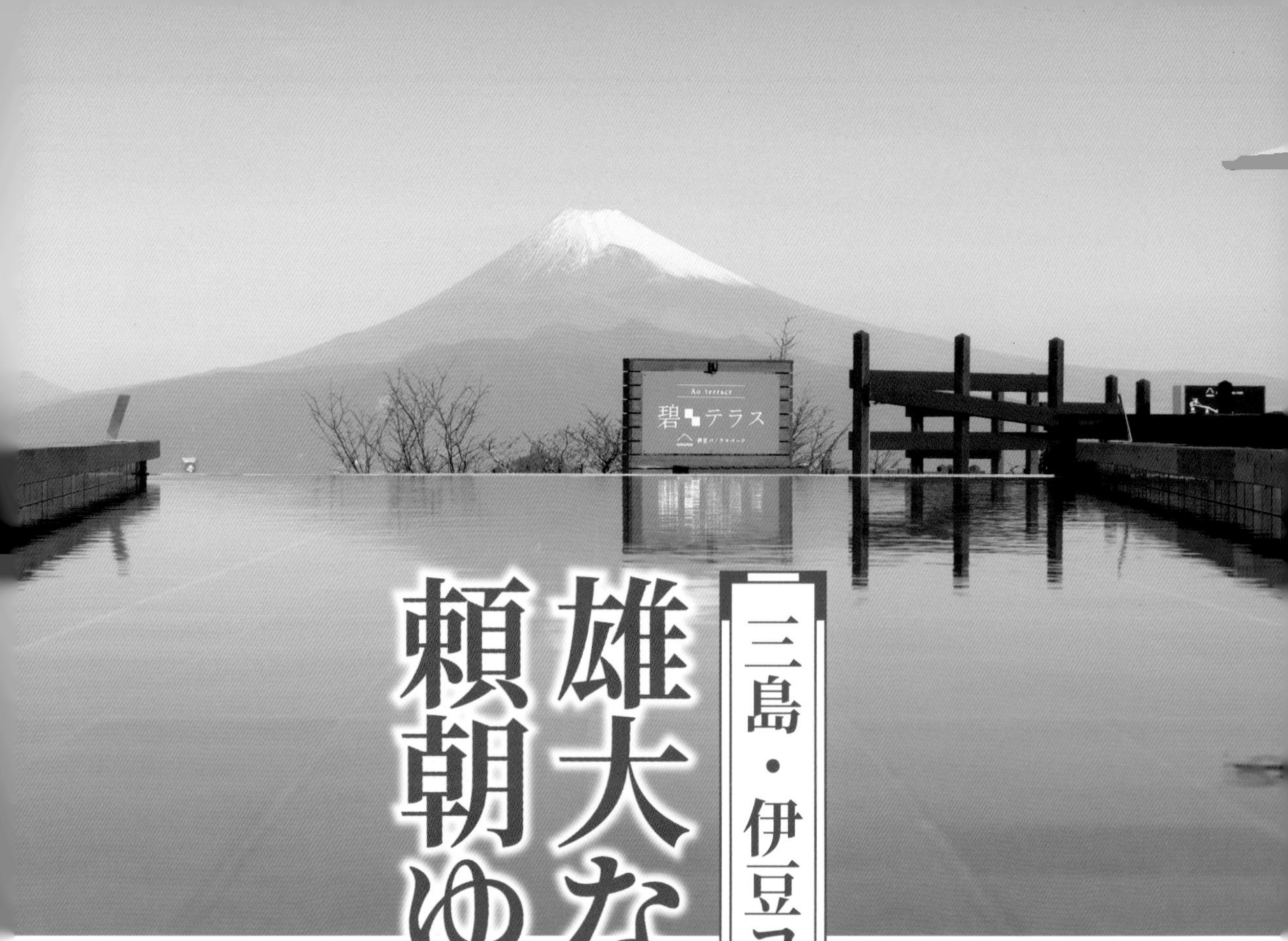

▲逆さ富士が楽しめる伊豆パノラマパークの「碧テラス」

三島・伊豆コース

雄大なパノラマと頼朝ゆかりの地を巡る

北に富士山、西に駿河湾を望む風光明媚なエリア。景色の素晴らしさはもちろん、源頼朝が源氏再興を志すなど日本の歴史が動いた激動の舞台としても名高い。また、注目したいのが世界遺産や国宝、史跡など文化財の多さ。歴史と文化に彩られた三島・伊豆の地で、息をのむ絶景に酔いしれながら数々の歴史に思いを馳せてみては。

モデルコース

START
伊豆縦貫 三島塚原 IC
↓ 5.7km（9分）
❶三島スカイウォーク
↓ 8.8km（15分）
❷三嶋大社
↓ 8.9km（19分）
❸願成就院
↓ 3.5km（10分）
❹伊豆パノラマパーク
↓ 0.5km（2分）
GOAL
伊豆中央道 伊豆長岡 IC

走行距離／ 27.4km
走行時間／ 55分

▲吊橋からの360度のパノラマ眺望はもちろん、「ロングジップスライド」などのアクティビティも充実している

三島スカイウォーク

吊橋のほかにも、展望デッキやカフェなどが併設。地元特産品やかわいいグッズがそろうショッピングエリア「SKY GARDEN」では、天井を埋め尽くす花々のシャンデリアに注目。

三島市笹原新田 313　☎055-972-0084
■営業時間：9:00 ～ 17:00　■休日：なし
■料金：大人 1100 円、中高生 500 円、小学生 200 円
■駐車場：400 台
※営業時間、料金はイベントや天候などにより変更の場合あり

① 三島スカイウォーク周辺

▲ノンアルコールカクテル「マウントフジ」700円

◀一番人気の「富士山高原手作りフランクのホットドッグバスケットセット」1400円（右）

▲テラス席で心地よい風を感じながら食べるのもおすすめ

Picnic Cafe

三島スカイウォーク内にあるカフェ。バスケットで提供されるホットドックやサンドイッチを持って、ピクニック気分でランチを楽しもう。

■営業時間：9:00 ～ 17:00
■休日：なし

スリル&絶景の空中散歩と貴重な中世の山城を楽しむ

三島スカイウォークは、全長４００ｍの日本一長い歩行者専用吊橋。橋の上から眺める富士山や広大な駿河湾の絶景に思わず目を奪われる。まるで空を歩いているかのような気分になれる高さ約70ｍの空中散歩は他ではなかなかできない体験だ。スカイウォークから車で約５分の山中城は、永禄年間（１５５８年～１５７０年）に後北条氏の築城技術を駆使して造られた城。西ノ丸・西櫓の周囲にある見事なまでの障子堀や畝堀は、後北条氏特有のもので、一見の価値あり。

山中城跡

400 年前の遺構がそのまま復元されている石を使わない土だけの山城。春のツツジや初夏のスイレンといった四季折々の花も魅力。

三島市山中新田　☎055-985-2970（山中城跡案内所・売店）
■営業時間：10:00 ～ 16:00（売店、冬季は 10:30～15:30）
■休日：月曜日、年末年始（売店）　■駐車場：40 台

▼西ノ丸と西櫓の間にある堀障子。国内で最も分かりやすく美しい堀障子として有名だ

② 三嶋大社 周辺

すみの坊　三嶋大社前店

三島大社の目の前にあるうなぎの老舗店。名物の「うなぎたい焼き」は三嶋大社前店限定で、食べ歩きにもピッタリ。

三島市大社町 18-1　☎055-972-3888
■営業時間：10:30 ～ 15:00（LO14:30）
■休日：火曜日　■駐車場：なし

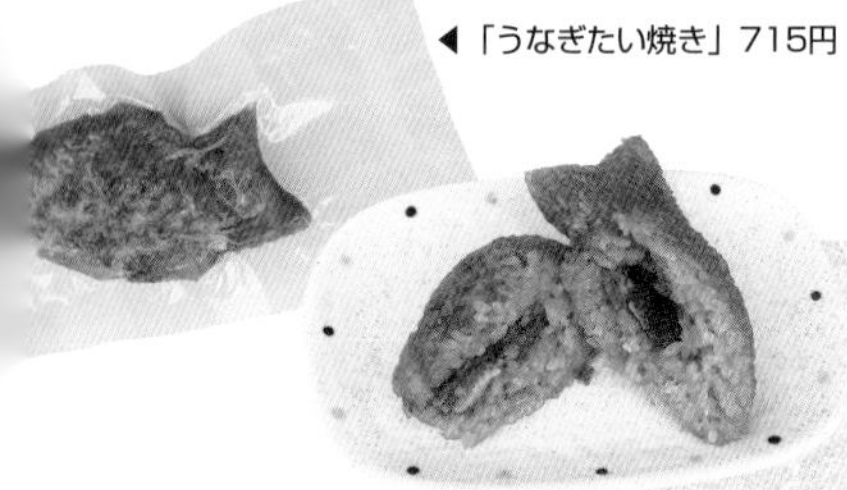

◀「うなぎたい焼き」715円

▲三嶋暦を代々発行していた河合家の家屋を改修し博物館に

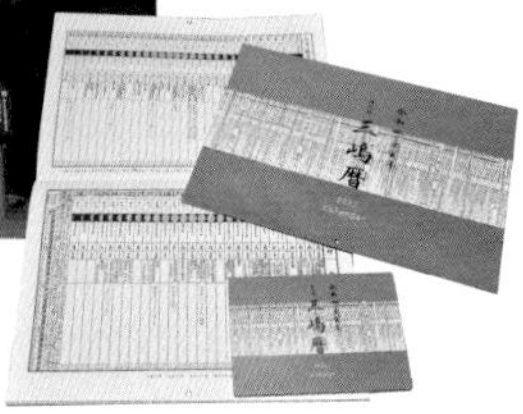

三嶋暦師の館

三嶋暦は、かな文字で書かれた現存の暦としては最も古いものの一つといわれている。文字の美しさ、線の繊細さで全国に知れ渡った。

三島市大宮町 2-5-17　☎055-976-3088
■営業時間：9:30 ～ 16:30
■休日：月曜日（祝日の場合は翌日）、年末年始　■駐車場：なし

伊豆随一のパワースポット 三島名物うなぎのご当地グルメも

三嶋大社といえば、源頼朝が挙兵の際に源氏再興を祈願し勝利したことで有名。頼朝が百日参りをした際の休息に腰掛けた「腰掛石」や、北条政子奉納の国宝「梅蒔絵手箱」（通常は模造復元品を展示）など、歴史的価値のあるものも多い。また、本殿、幣殿、拝殿が連なる複合社殿に施された華麗かつ繊細社殿彫刻は圧巻。天岩戸の物語など、有名な逸話の図が彫られているのでぜひじっくり眺めてみてほしい。周辺は、三嶋暦を紹介する博物館やうなぎの名店など、立ち寄りスポットも充実。

▲ご神木の金木犀は樹齢1200年。国天然記念物にも指定

▲「梅蒔絵手箱」は鎌倉時代の漆工芸品を代表する優品で、咲きほこる梅花と飛翔する雁の絵が美しい

▲「福太郎2個（お茶付き）」250円。稲作行事を狂言風に演じる「田遊び」に出てくる福太郎がモチーフ

▲新池にかかる橋を渡った先にある厳島神社。商売繁盛、安産、裁縫上達などの御利益がある

三嶋大社

大山祇命（おおやまつみのみこと）積羽八重事代主命（つみはやえことしろぬしのみこと）を祀る伊豆国の一宮。社殿は東海随一の大きさを誇る。

三島市大宮町 2-1-5　☎055-975-0172
■拝観時間：自由　※宝物館 9:00 ～ 16:00　■休日：なし
■料金：宝物館大人 500 円、大学・高校生 400 円、小・中学生 300 円
■駐車場：55 台

願成就院

頼朝の奥州討伐を祈願して北条時政により建立されたとされ、国宝に指定された仏師・運慶作の仏像 5 体が所蔵されている。

伊豆の国市寺家 83　☎055-949-7676
■拝観時間：10:00 ～ 16:00
　　（最終受付 15:30）
■休日：火・水曜日（祝日の場合は開館）
　　※その他行事による休館日あり
■料金：大人 800 円、中高生 400 円、
　　小学生 200 円
■駐車場：20 台

▲境内を中心に、周辺一部地域を含めて「旧願成就院跡」として国指定の史跡になっている

世界遺産や国宝が目白押し 伊豆長岡の歴史ロマンに触れる

重要文化財が多く存在する伊豆長岡は、歴史好きには格好のエリア。江川邸は、江戸幕府の韮山代官職を世襲した江川家の屋敷。中でも有名なのが、幕末激動期にその才を発揮した英龍（坦庵）だ。彼の功績を示す代表的な建造物である韮山反射炉は、２０１５（平成 27）年7月に世界文化遺産に登録された。また、頼朝にゆかりのある願成就院所蔵の国宝仏にも注目。その圧倒的重量感と迫力、凛々しい表情などから、鎌倉時代を代表する天才仏師・運慶の優れた才能を感じ取ることができる。

江川邸

国指定重要文化財。釘を使わず木と木を組み合わせた「小屋組づくり」と呼ばれる幾何学的な屋根裏の木組みは必見。その高さと精巧な作りは息を飲むほどの素晴らしさだ。

伊豆の国市韮山韮山 1　☎055-940-2200
■営業時間：9:00 ～ 16:30（最終受付 16:15）　■休日：水曜日、年末年始
■料金：大人 750 円、小・中学生 300 円　■駐車場：30 台

▼主屋は築400年以上。文書類、書画、武具などが屋内に展示されており、春・秋には内庭も公開される

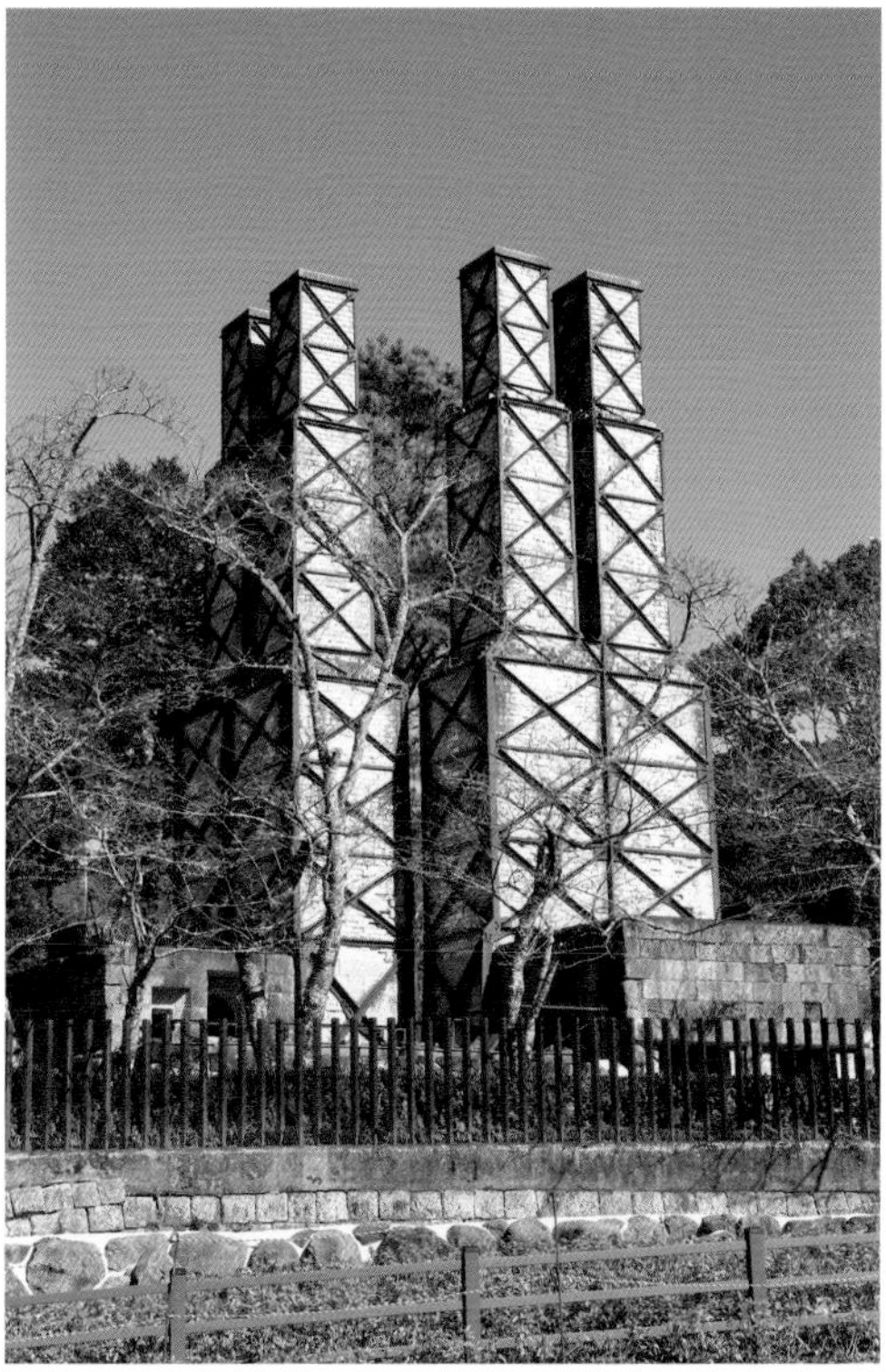

韮山反射炉

反射炉とは、金属を溶かし大砲などを鋳造するための溶解炉のこと。併設のガイダンスセンターでは、大スクリーンでの映像演出で韮山反射炉の歴史を知ることができる。

伊豆の国市中 268　☎055-949-3450
■営業時間：9:00 ～ 17:00（10 月～ 2 月は 16:30 まで）
■休日：第 3 水曜日（祝日の場合は翌日）
■料金：大人 500 円、小・中学生 50 円　■駐車場：約 150 台

伊豆パノラマパーク

ロープウェイの乗り場がある山麓エリアには、伊豆の旬の味覚が勢ぞろい。ショップで購入した商品を山頂で楽しむのもおすすめ。

伊豆の国市長岡 260-1　☎055-948-1525
■営業時間：ロープウェイ夏季 9:00 〜 17:30（上り最終 17:00)、冬季 9:00 〜 17:00(上り最終 16:30)　■休日：なし　■料金：ロープウェイ往復乗車料金：大人(中学生以上)2500 円、小学生 1400 円、幼児(3 歳以上)900 円　■駐車場：200 台

▲山頂は標高452m。遮るもののない雄大な景色を心ゆくまで堪能しよう

片道約1800m、約7分の空の旅。刻々と移り変わる景色をお見逃しなく！▶

④伊豆パノラマパーク周辺

絶景の山頂リゾートと極上温泉で非日常感を味わう

伊豆の街並み、駿河湾、富士山など、まさに絶景の特等席のようなロープウェイを降りた先に広がるのは、水盤が爽やかな展望広場「碧テラス」。かつらぎ茶寮のカウンター席は、葛城山の斜面に沿って2段のデッキが張り出しており、まるで空中に浮かんでいるような開放的な気分になる。景色を堪能した後は正平荘へ。上品な佇まいの門扉をくぐると、色彩豊かな日本庭園がお出迎え。平安時代から続く天然温泉「古奈の湯」を引く滑らかな湯触りの温泉と、旬の素材の懐石料理で心も体も満たされよう。

▲「碧テラス」にある絶景個室空間「プライベート　ガゼボ」（1ブース）3000円〜

かつらぎ茶寮

山頂エリア・碧テラスにあり、駿河湾と富士山の絶景を眺めながらコーヒーやお茶、スイーツなどが味わえる。

☎055-948-1525
■営業時間：9:00 〜 17:00(冬季は 16:30 まで)
■休日：なし

◀ハーブドライサウナも人気

屋上の天空露天風呂からは富士山も望める▶

伊豆長岡温泉ニュー八景園

伊豆長岡の高台にあり、目玉は屋上にある、全長約 15m の天空露天風呂。伊豆長岡の町並みを見下ろしながら浸かる湯は開放感たっぷりで、丸風呂やサウナも完備する。

伊豆の国市長岡 211　☎055-948-1500
■営業時間：11:00 〜 24:00(日帰り入浴)　■休日：なし
■料金：1650 円(休日 2200 円)4 歳〜小学生 880 円、3 歳以下無料
■駐車場：70 台

●三島・伊豆の立ち寄りどころ

かんなみ仏の里美術館

国指定重要文化財の阿弥陀三尊像など24体の仏像群を所蔵。

田方郡函南町桑原 89-1　☎055-948-9330
■営業時間：10:00 ～ 16:30　■休日：火曜日(祝日の場合は翌日)、年末年始
■料金：大人 300 円、小・中学生 100 円　■駐車場：12 台

道の駅　伊豆ゲートウェイ函南

地元食材をふんだんにそろえた物産販売所や飲食店が並ぶ交流と賑わいの道の駅。

田方郡函南町塚本 887-1　☎055-979-1112
■営業時間：9:00 ～ 18:00　■休日：なし　■駐車場：144 台

黒柳

元祖「温泉まんじゅう」の老舗店。

伊豆の国市長岡 1288-6　☎055-948-0789
■営業時間：8:00 ～ 14:00※売り切れ次第終了　■休日：水曜日
■駐車場：30 台

桜家

1856（安政3）年創業のうなぎの名店。

三島市広小路町 13-2　☎055-975-4520
■営業時間：11:00 ～ 20:00※売り切れ次第終了
■休日：水曜日(月 1 回火水連休あり)　■駐車場：なし

蔵屋鳴沢　反射炉物産館　たんなん

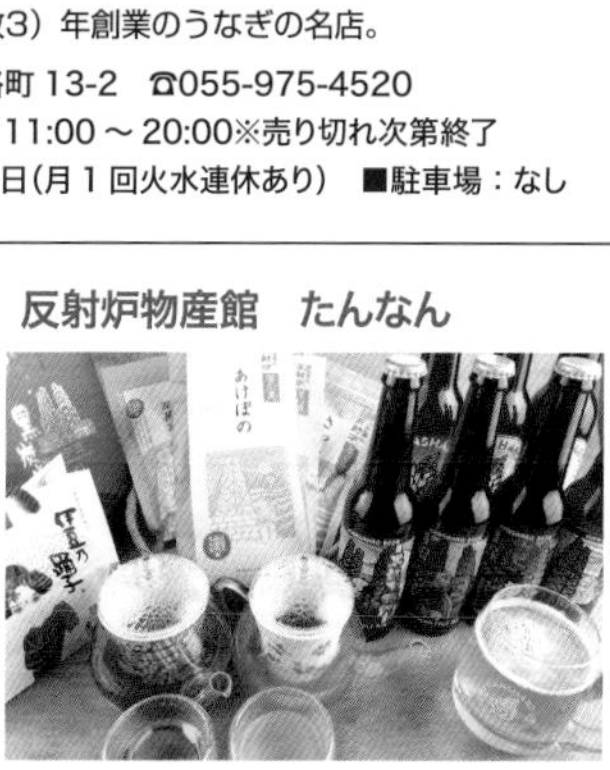

自社製造のお茶と伊豆のクラフトビール<反射炉ビア>が人気。

伊豆の国市中 272-1　☎055-949-1208
■営業時間：反射炉物産館 9:00 ～ 17:00
■休日：なし　■駐車場：50 台

50 音順 INDEX

山梨

静岡

写真提供（順不同）

＜山梨県＞

（一社）甲府市観光協会
山梨県地場産業センター
甲府市教育委員会
山梨ジュエリーミュージアム
株式会社タンザワ
山梨県立美術館
山梨県立文学館
不老園
信玄の湯 湯村温泉 常磐ホテル
武田八幡宮
（一社）韮崎市観光協会
武田乃郷　白山温泉
道の駅にらさき
韮崎市民俗資料館
北杜市オオムラサキセンター
道の駅はくしゅう
津金学校
おいしい学校
北杜市教育委員会
清春芸術村
（一財）ふじよしだ観光振興サービス
富士急行株式会社
株式会社ピカ
ふじさんミュージアム
山中諏訪神社
山中湖花の都公園
山中湖温泉　紅富士の湯
富士観光開発株式会社
三島由紀夫文学館
笛吹市
冨士御室浅間神社
富士河口湖町
旅の駅 kawaguchiko base
淺間神社
釈迦堂遺跡博物館
甲州市観光協会
河口湖ミューズ館・与勇輝館
カムイみさかスキー場
山梨県森林公園 金川の森
河口湖ハーブ館
勝沼ぶどうの丘
山梨県笛吹川フルーツ公園
山梨市観光協会
やまなしフルーツ温泉ぷくぷく
上野原市
ふるさと長寿館
（一社）大月市観光協会
都留市観光協会
都留市教育委員会
山梨県立リニア見学センター
寺茶房 喫茶去×OneNoteCoffeeRoaster
西桂町
あしたば硝子工房
とうざんの里
山梨泊まれる温泉　より道の湯
甲斐市
南アルプス市教育委員会
総合交流ターミナル（ハッピーパーク）
JA 南アルプス市
遊・湯ふれあい公園
まちの駅くしがた
（一社）南アルプス市観光協会
富士川町
若草瓦会館
山梨県森林総合研究所　森の教室
中央市
市川三郷町
身延町
日本基督教団市川教会
甲斐黄金村・湯之奥金山博物館
山梨県富士川クラフトパーク
身延山久遠寺
身延山ロープウェイ
南部町
雨畑硯の里　硯匠庵

＜静岡県＞

日本平夢テラス
日本平ロープウェイ
エスパルスドリームプラザ
クア・アンド・ホテル 駿河健康ランド
静岡市三保松原文化創造センター
「みほしるべ」
水口屋ギャラリー
静岡市東海道広重美術館
日本平ホテル テラスラウンジ
株式会社 TOKAI ケーブルネットワーク
静岡市歴史博物館
駿府の工房 匠宿
道の駅 玉露の里
蔵 cafe&dining coconomi
エキチカ温泉・くろしお
小川港魚河岸食堂
ゆとり庵
KADODE OOIGAWA
大井川鐵道
cafe うえまる
島田市観光協会
Cafe ひぐらし
静波サーフスタジアム PerfectSwell©
CoCo café Shizunami
ふじのくに茶の都ミュージアム
グリンピア牧之原
リバティリゾート大東温泉
可睡ゆりの園
掛川花鳥園
天竜浜名湖鉄道
太田茶園
浜松市秋野不矩美術館
本田宗一郎ものづくり伝承館
浜松・浜名湖ツーリズムビューロー
浜松城公園
弁天島海浜公園
サゴーエンタプライズ株式会社
はままつフラワーパーク
遠鉄観光開発株式会社
竜ヶ岩洞
静岡県富士山世界遺産センター
SHIRAITO GENERAL STORE
あさぎりフードパーク
まかいの牧場
COW RESORT IDEBOK
奇石博物館
沼津市
沼津港深海水族館〜シーラカンス・
ミュージアム〜
さかなや千本一
伊豆・三津シーパラダイス
道の駅くるら戸田
修善寺虹の里
三島スカイウォーク
Picnic Cafe
伊豆パノラマパーク
かんなみ仏の里美術館
蔵屋鳴沢 反射炉物産館 たんなん